KB172964

제논이 들려주는

논리 이야기

제논이 들려주는

논리 이야기

초판 1쇄 발행일 2006년 7월 21일
초판 14쇄 발행일 2021년 7월 6일

지은이 오채환
그림 박하
펴낸이 정은영

펴낸곳 (주)자음과모음
출판등록 2001년 11월 28일 제2001-000259호
주소 04047 서울시 마포구 양화로6길 49
전화 편집부 (02)324-2347 경영지원부 (02)325-6047
팩스 편집부 (02)324-2348 경영지원부 (02)2648-1311
e-mail jamoteen@jamobook.com

ISBN 978-89-544-1948-2 (64100)

제논이 들려주는
논리 이야기

오채환 지음

|주| 자음과모음

논술이라는 분야가 강조되기 훨씬 이전부터 논리는 매우 중요한 학문이었습니다. 하지만 논술이라는 것이 우리에게 중요해지고 나서도 논리는 여전히 우리에게 낯설고 서툰 분야입니다. 그것의 가장 큰 이유는 우리가 논리를 독립된 과목으로 가르치고 있지 않기 때문입니다. 또 다른 이유는 논리에 대해 관심을 갖게 되더라도 공부해야 할 범위가 너무 많으며, 막상 공부를 시작하더라도 그것이 생각보다 어렵기 때문입니다. 사실 논리는 사고의 이치를 밝히는 모든 분야에서 이미 사용되어 왔으며, 철학과 수학은 물론 컴퓨터와 연관된 이론에서도 필수적이었습니다.

이와 같은 논리에 관한 이야기를 한 권의 작은 책으로 담아내기 위해서는 많은 이야기를 과감히 생략해야 합니다. 어떤 이야기를 생략할지 결정해야 하는 것이지요. 그래서 이 책의 독자를 논리 학습을 처음 시작하는 사람들로 생각했습니다. 그리고 '논리의 발단과 그 발전 과정에 대한 전체 보기'에 해당하는 이야기를 전개해 나가기로 정했습니다. 혼란을 일으킬 소지가 있는 설명과 이론은 과감하게 생략하고 대신 꾸준한 학습의 밑바탕이 될 수 있는 내용으로 쉽고 재미있게 구성하였습니다. 특히 갖춰진 논리 체계의 내용을 순서대로 열거하는 교과서적 설명 방식에서 벗어나, 논증 역사의 최초 발단이 된 제논의 '귀류법'에 대한 이야기를 집중적으로 풀어 나가는 방식을 택했습니다. 귀류법은 제논의 패러독스를 통해 세상에 널리 알려지게 되었습니다.

제논은 수학자는 아니었지만 결과적으로 논리와 수학, 두 가지 학문에 큰 기여를 했습니다. 하나는 피타고라스 수론의 잘못된 내용을 지적한 것이고, 다른 하나는 잘못을 지적하는 방법 자체를 제공한 것입니다. 물론 제논의 패러독스가 수론의 잘못된 내용을 수학적으로 정정하여 새로운 내용을 제시한 것은 아니기 때문에 첫 번째 기여는 높이 평가되지 않을 수도 있습니다. 하지만 두 번째 기여는 귀류법이라는 중요한 증명 기법을 직접 제공한 것으로써, 수학에 결정적인 공헌을 했습니다. 실제로 '무리수(엄밀히 말하면 유리수가 아닌 수)의 존재'를 증명하는 기법이나 이미 유클리드가 사용한 '소수의 개수가 무한히 많음에 대한 증명'을 비롯

하여, 수학적으로 중요한 수많은 증명이 귀류법을 통해 이루어졌습니다.

마지막 부분에서는 추리 및 논증에서 흔히 범하기 쉬운 오류 몇 가지를 에피소드와 표를 통해 소개했습니다. 그럼으로써 논리 과목의 기본적 얼개가 어떻게 이루어졌는지, 그 대강을 자연스럽게 이해하도록 꾀하였습니다.

아무쪼록 이 조그만 책에 쏟은 정성과 노력이 독자들에게 전해져서 그들이 '논리라는 것도 알고 보니 참 재미있네!' 라는 생각이 든다면 더할 나위 없이 좋겠습니다.

충청도 깊은 산골 집필실에서

오채환

C O N T E N T S

나는 명지중학교 2학년 1반 김영준이야. 우리 학교에서는 나를 논리 대장이라고 부르지! 왜냐고? 말 그대로야. 나는 다른 친구들에 비해 논리 공부를 아주 좋아하거든. 사실 논리 공부를 좋아하는 사람은 많지 않잖아. 어렵고, 지루하고, 재미없고……. 대부분의 사람들이 논리를 그렇게 생각하지.

물론 나도 그랬어. 사실 나는 게임 대장이었거든. 컴퓨터게임처럼 신나는 일이 있는데 왜 아빠, 엄마는 지루한 논리 공부를 자꾸 시키는지 도무지 이해할 수가 없었어. 특별한 친구를 만나기 전까지는 말이야.

그 친구를 만난 후로 나의 별명은 게임 대장에서 논리 대장으로 바뀌었어. 논리가 얼마나 재미있고 신기한 것인지 알게 되었거든. 논리적으로 생각할 줄 알면, 어떠한 문제를 만났을 때 무엇보다 큰 힘이 돼. 문제를 남들보다 쉽고 재미있게 해결할 수 있거든. 그래서 어른들은 논리 공부가 중요하다고 말하나 봐.

아 참! 대체 나를 변화시킨 특별한 친구는 어디에 있냐고? 그건 우리

학교 친구들이 늘 나한테 하는 질문이기도 한데, 설명하자면 길어. 내가 너희들에게만 살짝 말해 줄게.

사실 이제는 어디를 가도 그 친구를 다시 볼 수도, 만날 수도 없어. 3년 전, 그러니까 내가 초등학교 5학년 때, 나는 철학의 출발지이자 중심지였던 고대 그리스에 다녀온 적이 있어.

그리스까지는 이해가 되는데 웬 '고대'냐고? 물론 믿기지 않을 거야. 나와 내 동생 주호도 처음에는 그랬으니까. 하지만 정말이야. 나는 지금으로부터 수천 년 전 시대를 다녀왔어.

그리고 그곳에서 특별한 친구를 만났지. 그 친구의 도움으로 우리는 고대 그리스 여행을 무사히 마칠 수 있었고, 논리 대장이라는 별명까지 얻게 됐어.

그 친구가 누구냐고?

음……, 너희들 소크라테스나 플라톤, 아리스토텔레스에 대해 들어 본 적 있지?

자세히는 몰라도 아마 이름쯤은 알고 있을 거야. 내가 그리스에서 만났던 친구, 제논은 바로 앞에서 말한 철학자들보다 앞선 시대를 살았고, 그들에게 큰 영향을 주었던 철학자라고 할 수 있어.

무슨 말을 하는지 도무지 모르겠다고? 그럼 지금부터 내가 차근차근 설명해 줄게. 내가 내 동생과 그리스 여행을 떠나게 된 이야기부터 제논과 함께했던 특별한 시간들까지 말이야.

바로 3년 전 어느 날이었지…….

1

고대 그리스로 떠나게 된 형제

두 귀와 한 입을 가진 것은 많이 듣되 적게 말하도록 하기 위함이다.

-제논

1 컴퓨터가 이상해

"주호야, 왼쪽으로! 왼쪽!"

"어? 어? 아자! 그렇지!"

주호와 나는 그날도 어김없이 컴퓨터게임을 하고 있었어. 참! 주호는 나보다 두 살 어린 친동생이야. 우리는 컴퓨터게임을 아주 좋아해서 부모님이 안 계실 때면 거의 하루 종일 컴퓨터게임을 하곤 했지. 물론 부모님이 집에 오실 시간이 되면 재빨리 책을 펴고 공부하는 척했지만 말이야. 히히!

그런데 우리에게는 컴퓨터게임에 있어 영원한 맞수가 있어. 바로 이웃집 남매! 걔네들의 협공을 이겨 내기에 우리는 늘 역부족이었지. 그런데 웬걸. 그날따라 주호와 손발이 척척 맞는 것이 느낌이 아주 좋은 거야.

"형아, 조금만 더! 이쪽으로, 이쪽으로!"

"어? 어? 어? 와우! 이겼다! 우리가 이겼다고!"

이게 웬일이야? 우리가, 바로 우리가 막강파워 이웃집 남매를 이긴 거야. 이웃집 남매는 어이가 없다는 듯 말했지.

막강파워님 야! 말도 안 돼! 이게 어떻게 된 일이야! --;;

게임대장님 음하하하! 말도 안 되긴! 보면 몰라? 우리가 이긴 거지, 우리가! 음하하 ^O^

막강파워님 그러니까 말이 안 된다는 거지. 너희가 우리한테 져야 당연한 거 아냐?

게임대장님 어허! 무슨 그런 섭섭한 말씀을! 그건 말이지, 그때그때 달라요!

우리는 얄미운 이웃집 남매를 약 올리는 중이었어. 그런데, 이게 무슨 일이람. 컴퓨터 모니터가 갑자기 새까맣게 변하는 거야. 그리고 이상한 문구가 떴어.

『컴퓨터에 치명적인 논리적 오류가 발생하여 시대가 이동됩니다.』

"형아, 형아. 여기 좀 봐. 이게 무슨 말이야?"
"응? 이상하다. 에이, 껐다 켜면 괜찮을 거야."
왜 컴퓨터 하다 보면 이런 비슷한 문구 많이 보잖아. 그래서 나는 정말 별일 아니라고 생각했지. 그런데 컴퓨터와 모니터를 다 꺼도 이 문구는 사라지지 않았어.
"어라, 이상하네?"
"형아, 우리 이따가 아빠, 엄마한테 혼나겠다. 오늘은 진짜 컴퓨터게임 안 하기로 약속했는데……."
"그러게 말이야. 아이참, 왜 갑자기 이러는 거야."
"형, 접때도 한창 게임하던 중에 컴퓨터 멈춘 적 있었잖아."
"응, 그랬지."
"그때도 조금 기다리니까 저절로 괜찮아졌잖아."
"아, 그럼 이번에도 조금 있으면 저절로 괜찮아질 수도 있겠다.

아빠, 엄마 오시려면 멀었으니까 조금만 더 기다려 보자."
"알겠어. 근데 우리 이제 뭐 하지?"
"정말, 컴퓨터 안 되면 할 일도 없는데……."
"형아, 우리 나가서 놀까?"
"나가서 놀 게 뭐 있냐? 재미없어."
"하긴, 그건 그래."
사실 주호랑 나는 밖에 나가서 노는 것을 별로 안 좋아했어. 방에서 컴퓨터게임 하는 게 제일 재미있었으니까.
"게임 더 하고 싶다……."
"이 바보야, 컴퓨터가 안 되는데 게임을 어떻게 하냐?"
"참! 형아 나한테 좋은 생각이 있어!"
"뭔데?"
"우리 pc방에 가자! 어때?"
"아빠, 엄마 허락 없이는 pc방 안 가기로 약속했잖아. 돈도 없고……."
"형아도 참! 돈 때문이면 걱정하지 마! 거실에 엄마가 동전 모아 두는 통 있거든. 거기서 500원짜리 동전 몇 개 빼 가도 티도 안 날 거야. 히히!"

나쁜 짓인 줄은 알았지만, 컴퓨터게임의 유혹 앞에 주호와 나는 어쩔 수가 없었어. 나와 주호는 거실에 있는 엄마의 저금통을 찾기 위해 방문을 열었어. 그런데…….

2 여기가 어디지?

‘어? 여기는 우리 집도, 우리 동네도 아니잖아. 여기가 어디지?’

방문을 여는 순간 우리 눈앞에는 아주 낯선 곳이 펼쳐져 있었어.

“형아, 이게 어떻게 된 일이야? 우리가 왜 갑자기 모르는 곳에 오게 된 거야? 꿈을 꾸는 건가?”

주호는 얼굴을 꼬집어 보기도 하고, 눈을 꾹 감고 머리를 절레절레 흔들었다가 다시 눈을 떠서 주변을 살펴보기도 했어.

“형아, 꿈이 아닌가 봐. 이상해, 이상해. 이게 무슨 일이야?”

주호가 곁에서 호들갑을 떠는 통에 나는 정신이 없었어. 물론 나도 어리둥절하기만 했지. 나는 꼼짝도 않은 채 주호에게 말했어.

"주호야, 아까 컴퓨터에 떴던 '시대가 이동된다'는 말이 정말이었나 봐."

"말도 안 돼. 말도 안 돼. 그런 게 어디 있어? 시대가 이동된다니……, 우리가 무슨 타임캡슐이라도 탔다는 거야?"

나는 정신을 차리고 주변을 훑어보았어.

"잘 봐. 저기 사람들 옷차림도 이상하고, 신발을 안 신은 사람도 보이잖아. 우리 아무래도 과거로 온 거 같아."

"어? 그럼 여기는 바로……."

"고대 그리스?"

주호와 나는 동시에 소리쳤어. 그래! 우리는 컴퓨터에서 일어난 오류 때문에 고대 그리스로 오게 된 것이었어. 이럴 수가!

"형, 형! 그럼 저기 저 나무들이 바로 올리브 나무인가 봐. 그리스에는 올리브 나무가 많다는 얘길 들은 것 같아."

"맞아. 신화에 보면 여신 아테나가 바다의 신 포세이돈과 아테네를 놓고 치열한 경쟁을 벌였다고 하잖아. 아테나 여신은 이곳 시민들에게 풍부한 올리브를, 포세이돈은 풍부한 물을 제공해 줄 것을 약속했는데 결국 시민들은 아테나의 선물을 선택했고, 화가 난 포세이돈은 물을 마르게 했지. 그래서인지 그리스에서는 물이 무척 귀하고, 올리브 나무가 굉장히 잘 자란대."

"맞아 맞아. 나도 책에서 본 것 같아. 어? 근데 형, 저기 사람들이 왜 저렇게 모여 있지?"

"혹시 우리처럼 미래에서 온 사람이 또 있을지도 몰라. 한번 가보자."

"응."

우리는 여러 사람이 모여서 웅성거리고 있는 곳으로 발걸음을 옮겼어. 매우 커 보이는 어느 집 대문 앞이었는데…….

"아니 글쎄, 이 여자가 거짓말할 게 따로 있지. 어디서 남의 남편을 가지고 그러는 거야! 여기는 우리 집이니까 들어올 생각일랑 말라고!"

"아주머니! 여기는 우리 집이고요, 이 안에 있는 사람은 우리 남편이에요!"

우리가 기대했던 미래에서 온 사람이 있는 것은 아니었어. 하지만 무언가 큰 싸움이 일어난 것 같았어. 주호와 난 주위 사람들의 말에 귀를 기울였어.

"쯧쯧쯧. 분명 둘 중 하나가 진짜이긴 할 텐데 대체 알아낼 방도가 있나, 이런."

"그러게 말이에요. 이게 대체 무슨 해괴망측한 일이래요. 한 남자를 두고 서로 자기 남편이라고 우기니, 원."

"누가 아니랍니까. 식물인간이 되어 누워 있는 남자를 깨워서 물어볼 수도 없고 말이에요."

"참! 누워 있는 그 남자가 그렇게 재산이 많대요. 엘레아에서 알아주는 땅 부자라나 뭐라나!"

주위 사람들의 말에 귀를 기울이고 있는 사이, 뚱보 아주머니와 홀쭉이 아주머니의 싸움은 더욱 심해지기만 했어.

"아이고, 동네 사람들! 제 말 좀 들어 보세요. 내가 진짜 이 집의 안주인이에요. 내가 이 사람을 얼마나 사랑하는데요. 아이고, 이것 보세요. 내가 누워 있는 이 사람의 병 수발을 드느라 살도 쏙 빠지고 주름도 이렇게 늘었다고요."

뚱보 아주머니는 얼굴을 한없이 찡그리며 사람들에게 자신의 주름을 보여 주었어. 내가 볼 때는 우리 엄마보다도 피부가 더 탱탱해 보였는데 말이야.

"보이지요? 봤지요?"

ancient Greek

내 남편이라고
나의남편
이라고

동네 사람들이 아무 반응이 없자 뚱보 아주머니는 오히려 더 큰 소리로 말했어.

"흠! 흠! 어쨌든, 아무튼, 하여튼! 이 여자가 제 남편의 재산이 탐나서 이렇게 거짓말을 하고 있는 게 확실해요. 이런 몹쓸 사람을 봤나!"

이번엔 뚱보 아주머니의 기세에 눌려 눈물을 글썽거리고 있던 홀쭉이 아주머니가 말했어.

"이봐요, 아주머니! 사람이 말도 못하고 누워 있다고 그렇게 막말하는 거 아니에요.

아주머니가 언제 이 사람의 병 수발을 해 봤다고 그래요. 흑흑."

휴우! 도대체 누가 진짜냐고. 바로 그때, 한 꼬마가 나타났는데…….

3 이상한 꼬마, 제논

"아주머니들! 그럼 이렇게 해 보세요."

"잰 또 뭐야! 애들은 가라, 응?"

뚱보 아주머니가 그 꼬마 아이를 무서운 눈빛으로 노려보았어. 그런데 무슨 영문인지 동네 사람들이 이 아이에게 모두 아는 체를 하는 거야.

"어? 제논이네?"

"그래, 제논이구나. 어서 말해 보렴. 뭘 어떻게 하면 좋겠니?"

주호와 나는 그때 제논의 이름을 처음 들었어. 동네 사람들이 저렇게 작은 꼬마 아이를 어떻게 알까 궁금해하면서 말이야.

"그래! 제논이라면 이 문제를 해결할 수 있을지도 몰라. 늘 보통 사람들과 다르게 거꾸로 생각하기를 좋아하는 아이잖아."

'보통 사람들과 다르게 거꾸로 생각하기? 그건 또 뭐지?'

나는 도대체 사람들이 무슨 말을 하는 건지 알 수가 없었지만 그래도 이 아이의 말을 들어보기로 했어.

"바로 이 집에 누워 있는 아저씨를 반으로 나누어 가지는 거예요. 똑같이 반으로 잘라서 말이에요."

'엥, 이건 또 무슨 소리야? 난 무슨 특별한 방법이라도 있는 줄 알았네. 꼬마 아이가 그렇지 뭐.'

물론 처음부터 기대도 안 했지만, 주호와 나는 어이가 없었어. 사람을 반으로 나누어 가지라니…….

"제논, 그건 좀……."

동네 사람들도 제논의 엉뚱한 대답에 실망한 듯했어.

"이렇게 두 분이서 서로 자기가 진짜 아내라고 우기니, 어쩔 수 없잖아요. 그럼 무슨 다른 방법이 있나요?"

제논의 질문에 사람들은 아무 말도 하지 못했어. 그때 조용히 제논의 말을 듣고 있던 뚱보 아주머니가 입을 열었어.

"좋아. 그게 좋겠어! 이봐, 우리 그렇게 하자고! 저 남자를 똑같이 반으로 나누어 가지는 거야. 물론 집도, 땅도, 돈도 말이야. 어때? 서로 손해 보는 것 없이 그게 좋겠지?"

"……."

홀쭉이 아주머니는 깜짝 놀란 표정으로 아무 말도 하지 못했어. 동네 사람들도 모두 놀란 기색을 감추지 못했지.

"어머머, 어떻게 남편을 반으로 나누어 갖자는 말을 할 수가 있어? 저런 여자는 아내라고 할 수도 없어. 어쩜 그런 말을……."

동네 사람들은 뚱보 아주머니를 바라보며 수군거리기 시작했어.

"형아, 다들 이상해. 저기 제논이라는 꼬마 아이도 그렇고……. 우리 여기 있지 말고 다른 곳으로 가서 도움을 요청하자."

"그래. 진짜 주인이 누구인지 궁금하긴 한데 언제 끝날지 모르는 싸움을 마냥 지켜볼 수는 없지. 다른 곳으로 가 보자!"

주호와 나는 이상한 말만 하는 사람들을 뒤로 하고 다른 곳으로 가려고 했어. 그런데 그때!

"자, 이제 진짜와 가짜는 가려졌어요."

'어? 이건 또 무슨 소리?'

주호와 나는 가던 길을 멈추고 다시 제논이라는 꼬마 아이의 이야기에 귀를 기울였어.

"바로 이 뚱보 아주머니가 거짓말을 하고 있는 거예요."

제논이 말하자 주위에 모여 있던 사람들은 모두 아무 말도 하지 못한 채 뚱보 아주머니의 눈치만 살피고 있었어. 그리고 잠시 후 뚱보 아주머니는 제논을 비웃으며 말했지.

"하하! 너 아직도 안 갔니? 애들은 어른 일에 참견하는 게 아니에요, 꼬마 아저씨!"

그러나 제논은 기죽지 않았어. 동네 사람들은 모두 제논을 신기하다는 듯 쳐다보며 그에게 조용히 물었어.

"어머, 그게 정말이니?"

"그걸 어떻게 알았니?"

제논은 차근차근 설명해 주기 시작했어.

"모두들 진짜 집주인을 알고 싶으셨죠? 사실 진짜 집주인을 찾아내는 것은 어려운 일이에요. 아저씨는 식물인간이 되어 누워 있고, 두 아주머니는 모두 자신이 아저씨의 진짜 아내라고 우기니까요. 그래서 저는 진짜를 찾기보다는 거짓말을 하고 있는 가짜를 찾아낸 거예요. 거꾸로 생각해 본 것이죠."

"그럼 저 여자가 거짓말을 하고 있다는 건 어떻게 알았니?"

한 아저씨가 눈빛으로 뚱보 아주머니를 가리키며 제논에게 물었어.

"모두들 들으셨잖아요. 뚱보 아주머니가 이 집에 있는 아저씨를 반으로 나누자고 했던 말이요."

"응, 그랬지. 근데 그게 왜? 조금 전에 제논, 네가 그렇게 하라고 했잖니?"

"그건 바로 두 아주머니의 반응을 살펴보기 위해서 한 말이었어요. 그리고 거기에서 뚱보 아주머니가 지금껏 거짓말을 했다는 것이 밝혀졌고요. 생각해 보세요. 이 아주머니가 진짜 이 집의 주인이고 이 집에 누워 계신 아저씨의 아내라면, 아저씨를 반으로 나누자고 말할 수 있겠어요? 그건 우리가 생각해도 끔찍한 일이잖아요. 어떻게 사람을 반으로……. 하물며 진짜 아내라는 사람이 자기 남편을 두고 그런 말을 할 수 있겠느냐고요."

"오호라, 그렇지! 이 여자가 아까는 이 집에 누워 있는 사람이 자신의 사랑하는 남편이니 어쩌니 해 놓고 지금은 그 사람을 반으로 나누자고 하니, 아까 한 말이 모두 거짓말이란 말이로군!"

"어허! 아무리 사람이 의식 없이 누워 있다 해도 아내가 멀쩡히 살아 있는데, 그렇게 재산을 노리고 거짓말을 하면 쓰나!"

“이 아주머니 정말 나쁜 사람이네!”

“이봐요. 사람이 그러는 거 아니에요!”

제논의 명쾌한 해석에 동네 사람들은 모두 뚱보 아주머니를 손가락질했고, 고개를 치켜들고 큰소리치던 뚱보 아주머니는 뒷걸음질 치며 도망을 갔어.

지금 생각해 보니 말이야, 그때 제논 특유의 ‘거꾸로 생각하기’가 아니었다면 홀쭉이 아주머니는 어떻게 되었을까? 생각하는 힘은 사람을 위기에서 구해 주기도 하는 것 같아. 그렇지?

4 우리를 미래로 보내 줘!

"형아, 저 꼬마 아이 진짜 대단하다."

주호가 동네 사람들 틈에서 칭찬을 받고 있는 제논을 가리키며 말했어.

"그러게 말이야. 우리보다도 어린아이 같은데 어쩜 저렇게 남다른 생각을 해 내지? 그래서 동네 사람들 모두 저 아이에게 아는 체를 했나 봐."

"형아, 형아! 바로 저 아이라면 우리를 미래로 보내 줄 수 있지 않을까?"

"그래! 바로 그거야! 저렇게 똑똑한 아이라면 우리 집 컴퓨터에 생긴 오류를 풀어 줄 수 있을 거야. 그럼 우리는 집으로 돌아가서 다시 이웃집 남매와 컴퓨터게임을 할 수 있을 거고."

내가 열심히 말하고 있는 사이에 주호는 벌써 제논을 향해 저만치 걸어가고 있더라고. 주호도 빨리 집에 가고 싶었나 봐.

"저……, 제논이라고 했지? 나는 영준이라고 하는데, 부탁할 게 좀 있어."

내가 먼저 제논에게 말을 걸었어.

"어라? 너 왜 나한테 반말해?"

그런데 제논은 고개를 빳빳이 들고 나를 노려보는 게 아니겠어? 나와 주호는 제논의 반응에 당황했지.

"야! 너 몇 살이야? 우이씨! 우리 형아보다 어려도 한참 어리겠구먼!"

주호는 옆구리에 양손을 올리고 제논을 향해 온갖 인상을 다 쓰며 말했어.

"그래? 알겠어. 그럼 어려 보이는 나는 바빠서 이만!"

'으이그! 김주호 하여튼!'

나는 제논을 붙잡았지.

"아냐, 내 동생이 장난친 거야. 미안해. 잠깐 우리 얘기 좀 들어줘."

"흠! 그래, 그럼 어디 한번 해 봐."

제논은 우리가 별로 마음에 들지 않은 모양이었어. 하긴 제논 눈에는 우리의 말투나 옷차림이 이상해 보일 만도 하지. 우리의 눈에 그곳 사람들이 이상해 보였던 것처럼. 아무튼 우리는 제논에게 우리가 이곳에 오게 된 이유를 설명했어. 우리는 대한민국 서울에 사는 아이들인데 컴퓨터게임을 하던 중 시대가 이동되어 이곳에 오게 되었다고 말이야. 그런데 우리가 우리의 상황을 설명할수록 제논은 인상을 찌푸리는 거야.

"너희들 도대체 무슨 말을 하는 거야? 난 도저히 너희들 말을 이해할 수가 없어. 다른 데 가서 알아보도록 해. 난 이만 가 볼게."

제논은 마치 우리를 정신 나간 사람처럼 쳐다보며 가까이하려고 하지도 않았어.

"저기, 우리가 생각해도 우리의 상황이 믿기지는 않아. 하지만 사실이야. 우리는 컴퓨터에서 일어난 문제 때문에 미래에서 이곳으로 오게 되었다고!"

나는 제논을 붙잡기 위해 애를 썼어. 지금에 와서 하는 말인데, 나도 제논이 그다지 마음에 든 것은 아니었어. 키도 조그마한 게 어찌나 당돌하던지…….

"난 도무지 너희들이 무슨 말을 하고 있는 건지 모르겠어! 컴…… 컴피터? 대체 그게 뭐야? 미래? 그건 또 뭐고! 난 그런 거 몰라. 더 이상 날 붙잡지 마!"

"형! 얘도 모른다잖아. 우리 그냥 가자!"

"너! 자꾸 날더러 '얘, 쟤' 하는데……, 그래! 비슷하게 생겨 가지고 자꾸 이상한 얘기만 하는데, 어디 한번 잘해 보라고!"

"그래, 그래! 우리도 너 같은 꼬맹이랑은 얘기하기 싫다, 뭐! 키도 조그마한 게. 흥!"

'어휴. 싸움쟁이 김주호! 키는 자기가 더 조그마하면서! 너 때문에 되는 일이 없다, 정말!'

내가 주호를 노려보고 있는 사이, 제논은 우리에게 등을 돌리고 자신의 갈 길을 가려고 했어. 나는 씩씩거리는 주호를 붙잡고 타일렀지.

"김주호! 너 정말 이럴 거야? 너는 집에 가기 싫어?"

"집에는 가고 싶지. 근데 난 쟤 너무 싫어. 키도 조그마한 게 자꾸 반말하고, 튕기고…….”

“주호야, 잘 들어. 우리한테는 지금 누가 싫고 좋고가 문제가 아니야. 빨리 컴퓨터의 오류를 풀어내야 한다고. 그리고 형이 보기에는 저 아이가 우리의 문제를 해결해 줄 수 있을 것 같아. 무슨 말인지 알지?”

“응…….”

“그럼 너 이제 아무 말 말고 형이 하자는 대로 하는 거다, 알겠지?”

“알겠어. 근데 재는 정말 싫…….”

“우씨, 김주호! 넌 앞으로 아무 말도 하지 말고 따라와!”

“알겠어, 알겠어. 화내지 마.”

나와 주호는 무작정 제논의 뒤를 졸졸 쫓아갔어. 갑자기 뒤를 홱 돌아보고 우리를 발견한 제논은 말했어.

“야! 너희 뭐야? 난 너희들을 도와줄 수 있는 사람이 아니라니까!”

“아까 네가 길에서 일어난 싸움을 지혜롭게 해결하는 걸 봤어. 너라면 분명 우리를 미래로 보내 줄 수 있을 거야!”

나는 다시 한 번 제논에게 부탁을 했어.

“싸움? 아……, 난 그냥 생각나는 대로 몇 마디 했을 뿐이야. 그리고 난 이렇게 혼자 거리를 돌아다니며 생각하기를 좋아할 뿐 특별한 재주가 있는 건 아니야. 그러니까 제발 따라오지 마.”

제논은 걸음을 재촉했고 주호와 나도 속도를 내어 그 뒤를 쫓았어. 제논에게 들킬까 봐 조마조마해 하면서 말이야.

제논이 살았던 시대의 논리와 철학적 배경

현재 서구의 사상과 문화의 고향처럼 여겨지는 고대 그리스 시대를 셋으로 나누면, 아테네에서 소크라테스와 플라톤 그리고 아리스토텔레스라는 3대 철학자가 이룬 전성기(BC 5세기 후기)를 중심으로, 그 이전과 이후로 나눌 수 있습니다. 첫 시기를 흔히 소크라테스 이전이라는 뜻으로 pre-socratic이라고 표현합니다. 이 시기는 탐구의 대상이 인간이 아닌 자연계였습니다. 이 점은 우리 동양과 확실히 다릅니다. 동양(동북아)의 유교 문화권에서는 자연계를 적극적인 탐구의 대상으로 삼은 적이 없습니다. 그래서 초기 그리스 사상은 매우 독특한 것으로서, 우리는 그것을 자연철학이라고 부릅니다. 이 시기 즉, 아테네의 소크라테스와 그 직제자들 이전의 시기는 지역적으로 두 중심지가 있었습니다. 바로 아테네의 동쪽에 있는 이오니아 지방과 서쪽에 있는 엘레아 지방입니다.

특히 동쪽의 이오니아 지방은 탈레스로부터 시작된 자연철학자들의 중심지입니다. 당시 이곳의 철학자들은 자연계의 변화무쌍함을 설명

하는 일에 주력했습니다. 그들은 주로 몇 가지 중요한 근본 물질들이 결합하면 세상의 모든 변화가 설명 가능하다는 식의, 오늘날 원자론과 같은 설명 체계를 만들어 냈습니다. 맨 처음의 시도는 탈레스에 의해 '만물의 근원 물질은 물이다' 라는 주장으로 시작되었습니다. 그 후 한 가지 단일 물질로는 다양한 변화를 설명하기에 모자란다는 생각이 들자 근본 물질을 네 가지 땅, 물, 불, 공기로 보는 주장이 나왔고, 세상은 수없이 많은 원자들의 결합으로 이루어졌다는 원자론도 나왔지만 모두 미흡하기는 마찬가지였습니다.

한편 엘레아는 지금의 이탈리아 남부에 있는 지역으로서, 이 책의 주인공인 제논이 이 지역 인물입니다. 이곳의 철학자들은 이오니아의 미흡한 자연철학적 설명을 개선하려고 하기보다는 아예 변화 자체를 부정하는 논변을 펼쳤습니다. 엘레아 지방의 철학이 이오니아 지방과 다른 데에는 다음과 같은 배경이 있습니다.

기원전 6세기에 오리엔트 세계(서아시아)를 통일한 페르시아의 힘이 소아시아 즉 그리스 식민지의 동쪽 지역에까지 미치자, 그곳의 그리스인들과 충돌이 생겨 페르시아전쟁이 일어났습니다. 그로 인해 그리스 철학의 중심 무대도 이오니아에서 서쪽으로 이동하여 남부 이탈리아 지역으로 옮겨 가게 된 것입니다. 이 이동 과정에서 철학의 내용도 변하게 된 것이지요. 어쨌든 '세상에 변화란 없다' 는 엘레아학파의 주장은 상식적으로 생각해도 어처구니없는 것입니다. 그런 논변을 가장 적극적으로 펼친 인물이 제논이지만 그보다 앞선 인물이 두 명 있었습니다. 크세노파네스와 파르메니데스입니다. 엘레아학파가 '만물은 끊임없이 변한다'라는 이오니아학파의 주장과 대립된 입장임은 쉽게 알 수 있습니다. 그렇지만 '만물의 근본 원리는 수이다'라고 선언한 피타고라스와 더 깊은 대립을 보인다는 점에서는 조금 세밀한 설명이 필요할 듯합니다. 제논의 논변이 피타고라스를 겨냥한 것임을 알아차리기는 쉽지 않은데, 실제로 공격하고자 했던 대상은 피타고라스의 '단위수' 개념이었습니다. 그 과정에 '무한'이라는 개념을 다루어야 했으며, 결과적으로 새로운 논변술을 낳았던 것입니다.

이러한 과정에서 제논이 활용한 '귀류법'은 서구의 특징이라고 할 수 있는 강력한 논증적 태도의 출발점으로 꼽히기에 손색이 없습니다.

2

퀴즈를 풀어야 해!

날아가는 화살은 순간적으로 정지해 있다.

-제논

1 길거리에서 만난 아저씨들

처음 본 그리스는 참 희한한 나라였어. 지금 생각해 보면 아주 자유로운 나라였던 것 같기도 해. 길거리를 걸어가다 보면 곳곳에 사람들이 모여 있곤 했거든. 저번처럼 싸움이라도 났냐고? 하하! 그건 아니고, 사람들이 자신의 사상을 이야기하는 거야. 자신의 독특한 생각을 이야기하는 거지. 그러다 보면 관심 있는 사람들이 하나둘 모여 이야기를 듣게 되고, 서로의 의견이 다르면 토론도 하고……. 그렇게 그리스 거리 곳곳에는 자신의 생각을 나누는 사람들이 많았어. 제논은 거리를 돌아다니며 여러 사람들의 이야기를 듣는 것을 아주 좋아했어. 그렇게 제논은 논리와 철학을 공부했던 것 같아. 뜨거운 햇볕 밑에서 몇 시간이고 사람들의 이야기를 듣는 일은 나와 주호에게 쉽지 않았어. 주호는 계속 컴퓨터 게임을 하고 싶다며 투덜거렸고, 나 역시 주호의 마음과 다르지 않았어. 하지만 제논을 쫓아다니기로 작정한 이상 우리는 참을 수밖에 없었지.

어김없이 제논을 쫓아 길거리를 걷던 중, 제논이 갑자기 걸음을 멈추었어. 그곳에도 많은 사람이 몰려 있었고, 키가 작은 제논은 용하게도 사람들을 비집고 앞으로 나갔지. 나와 주호는 요리조리 쏜살같이 움직이는 제논을 쫓아다니느라 얼마나 진땀을 흘렸는지 몰라, 헉헉.

그 곳에는 '크세'라는 아저씨가 이야기를 하고 있었어. 이름도 참 웃기지? 크세? 히히! 키가 크세? 옷이 크세? 히히! 나중에 알게 된 건데 그 아저씨의 정확한 이름은 '크세노파네스'래. 우리는 그냥 크세 아저씨라고 불렀지만 말이야. 제논은 크세 아저씨의 이야기에 흥미를 느꼈는지, 크세 아저씨 바로 앞에 쭈그리고 앉아서 한참을 귀 기울여 들었어. 나와 주호는 크세 아저씨가 무슨 말을 하는지도 잘 모르겠고 그런 이야기를 듣는 게 지루했지만, 그래도 제논을 놓칠세라 제논 몰래 크세 아저씨 발 앞에 앉아 있었지.

"그러니까 그리스 로마 신화에 나오는 여러 신들은 다 인간이 상상해서 만들어 낸 것에 불과하다는 말씀이지!"

'엥? 내가 좋아하는 그리스 로마 신화의 여러 신들의 모습이 모두 인간의 상상일 뿐이라고?'

크세 아저씨의 충격적인 주장에 나는 귀를 기울이기 시작했어.

"사실 내 고향은 이오니아야. 그런데 그 놈의 전쟁 때문에 나는 내 고향을 떠나서 오랫동안 방황했었지. 이곳 엘레아까지 건너오게 되면서 곰곰이 생각해 봤는데 원래 신은 단 하나야."

나는 페르시아전쟁으로 인해서 철학의 중심지가 이오니아에서 서쪽으로 즉, 이곳 엘레아로 옮겨지게 되었고 그러면서 철학의 내용도 많이 변했다는 이야기를 들은 적이 있는 것 같았어.

"신화에 나오는 여러 신들은 인간이 자신의 모습에 따라서, 혹은 자신의 상상력에 의해 만들어 낸 것에 불과해. 그런 상상력이나 착각을 빼고 본다면 '원래 신은 단 하나다', 이 말씀이지."

크세 아저씨의 주장에 주위 사람들은 술렁이기 시작했어. 신을 모독한다고 화를 내는 사람도 있었고, 말도 안 되는 소리 그만하라고 소리치는 사람도 있었지. 이럴 때 가만히 있을 제논이 아니지.

"아저씨! 그럼 그 주장을 뒷받침할 수 있는 타당한 근거를 말씀해 주세요."

제논의 한마디에 술렁이던 사람들은 모두 조용해졌어. 역시 대단한 아이야. 그리고 그때 크세 아저씨 곁에 앉아 있던 또 다른 아저씨가 입을 열었어. 바로 파르 아저씨였지. 파르 아저씨는 자신이 크세 아저씨의 제자라고 말했어. 파르 아저씨의 본명은 '파르메니데스'야. 이 아저씨는 후에 도시국가 엘레아의 국법까지 만들어. 이 사실은 현실로 돌아와서야 알게 되었지.

"우리 선생님의 이러한 주장을 뒷받침하기 위해 제가 여러 가지 생각을 해 보았는데요. '우리가 생각하는 다양한 신들의 모습은 원래 하나다'라는 주장을 하기 위해 저는 '원래 세상에 변화란 없다'라는 것을 말씀드리고 싶습니다. 여러분! 이오니아 사람들의 말은 다 틀린 것입니다."

고대 그리스 아테네의 철학은 동쪽의 이오니아 지방과, 서쪽의 엘레아 지방이 그 중심을 이루고 있었어. 아마도 파르 아저씨는 이오니아 지방의 철학자들이 주장하는 내용을 반박하는 모양이었어.

"이오니아 사람들은 자연철학이니 뭐니 하면서 자연계가 끊임없이 변화한다고 말합니다. 하지만 사실은 그렇지 않다는 거지요. 몇 가지 중요한 근본 물질들을 합치면 세상의 모든 변화가 설명 가능하다고요? 무슨 그런 말씀을! 그래서 근본 물질은 찾았나요? 그렇지도 않습니다. 탈레스란 작자가 제일 처음 '만물의 근원 물질은 물이다'라고 주장했습니다. 하지만 이후 한 가지 물질로는 다양한 변화를 설명하기 힘들다 싶었는지 그들은 근본 물질을 땅, 물, 불, 공기, 이렇게 네 가지라고 주장하였습니다. 또 수없이 많은 물질들이 합쳐져서 세상이 이루어졌다는 주장도 하였지요. 하지만 모두 어설퍼 보이기는 매한가지이다, 이 말입니다."

그때 엘레아의 반대편 이오니아 지방에서는 그런 주장이 나오고 있었나 봐. 세상이 어떻게 만들어졌으며, 자연계가 어떻게 이루어졌을까 고민하면서 말이야.

지금 생각해 보니, 이오니아 철학자들이 주장했던 내용은 내가 중학교에 들어와서 배운 원자론과 굉장히 비슷했던 것 같아. 자연에 존재하는 모든 물질은 그 근본이 되는 원자와 원자의 운동으로 이루어졌다고 주장하는 원자론 말이야. 파르 아저씨는 바로 그러

한 주장을 반박했던 것이지.

우리는 파르 아저씨의 이야기를 계속 들어 보기로 했어.

"이오니아 사람들, 결국 근본 물질을 못 찾겠으니까 헤라클레이토스란 사람은 근본 물질을 찾아서 세계를 설명하는 걸 포기하고 아예 말을 바꾸더라고요. 변화의 원리로 세계를 설명하려는 것이지요. '만물은 끊임없이 변화한다'라고 말입니다.

그런데 나는 말이지요. 그 이오니아 사람들의 모자란 부분을 설명할 생각은 없습니다. 그 주장이 아예 틀렸다고 말하고 싶을 뿐이지요. 그러니까 변화 자체가 없다는 겁니다!"

'엥? 변화란 없다고? 자연에 존재하는 것들이 변화하고 있는 것은 눈에 빤히 보이는 사실인데?'

나는 파르 아저씨의 주장이 엉뚱해 보이기만 했어. 이런 내 마음을 읽기라도 한 듯 제논이 물었지.

"크세 아저씨의 주장이야 눈에 보이지 않는 신들의 이야기니까 그렇다 치더라도, 파르 아저씨의 말씀대로라면 우리 눈앞에 분명히 벌어지는 변화들을 어떻게 설명할 수 있을까요?"

역시 당돌한 제논!

"변화란 진정으로 존재하는 것이 아니고 우리의 착각에 불과한 것입니다."

'헉, 우리가 변화라고 생각하는 것들이 우리의 착각에 불과하다고…….'

나는 놀란 표정으로 파르 아저씨를 바라보았어.

"한마디로 눈에 보이는 변화란 환상이라는 말입니다. 변화에 의해서 다양하게 보이는 것들은 우리의 착각일 뿐이고, 진짜 존재하는 것들은 영원히 변하지 않는 단 하나라는 것입니다."

"음……, 뭔가 부족해. 뭔가 부족해."

아저씨들의 주장을 신기한 듯 듣고 있던 제논은 혼자 구시렁거리기 시작했어.

"참 신선한 이야기인데 말이지. 눈으로 빤히 확인되는 사실을 무시하는 주장이기 때문에, 어떠한 새로운 사실을 찾아서 사람들을 설득하는 것은 불가능해. 그러니까 사실을 넘어서는 기막힌 논리로 주장을 증명해 보일 필요가 있어. 저 정도로는 피타고라스의 단위수 개념을 반박할 수가 없어. 음……."

"피타고라스?"

제논의 말을 유심히 듣던 나는, 나도 모르게 제논에게 말을 걸고 말았지 뭐야. 우리가 몰래 자기를 쫓아다녔다는 걸 알면 제논이 기분 나빠할 텐데 말이야. 다행히 제논은 누가 말을 거는지도 몰랐나 봐. 우리를 바라보지도 않은 채 또 혼자 중얼거리듯 말했어.

"피타고라스……. 세상의 근본은 숫자라고 말하고, 세상에 존재하는 모든 것은 일정한 크기를 가지고 변화한다고 주장한 피타고라스……. 이오니아에서는 지금도 피타고라스처럼 주장하는 사람이 많은 모양인데, 나는 그렇게 생각하지 않아. 저 아저씨들처럼 엘레아의 대부분 사람들은 나와 같은 생각이지. 문제는 아무도 피타고라스의 주장이 틀렸다는 것을 논리적으로 증명해 내지 못한다는 거야. 나, 제논은 그 일을 꼭 해내고 말 테야, 그럼 그렇고 말고!"

제논은 굳은 결심이라도 하듯 두 주먹을 불끈 쥐고 말했어.

"어라? 근데 너희들!"

제논이 갑자기 우리 쪽으로 고개를 돌리는 게 아니겠어. 제논의 혼잣말에 집중하고 있던 나와 주호는 깜짝 놀라고 말았지.

2 첫 번째 퀴즈를 풀자!

"야! 너희들 왜 여태 안 가고 여기 있는 거야? 혹시 날 쫓아다닌 거야?"

제논은 어이없다는 듯 물었어. 뭐 이런 애들이 다 있나 하는 눈빛이었지.

"우리는 정말 갈 곳이 없어. 네가 우리의 문제를 해결해 주기 전까지는 말이야. 네가 시키는 일이라면 뭐든지 할게, 응?"

"뭐든지?"

"응, 뭐든지! 너와 함께 지낼 수 있게 해 준다면 말이야."

내가 다시 한 번 부탁하자 제논은 우리에게 제의를 했어.

"그럼 좋아! 너희들 내가 내는 퀴즈를 풀어 봐."

"퀴즈?"

눈이 휘둥그레진 주호와 나는 동시에 물었어.

"그래, 퀴즈. 논리적인 생각이 필요한 퀴즈를 낼 거야!"

"논리? 우리는 그런 거 모른다니까."

주호가 인상을 쓰며 제논에게 말했어.

"모른다고? 너희들 여태 나를 쫓아다니며 많은 얘기를 듣지 않았니?"

"그래, 들었지."

"내가 방금 이오니아에 사는 피타고라스에 대해 말한 것은?"

"그것도 들었지."

"그럼 너희들은 이미 논리에 대해서 배운 거야."

"야! 너 자꾸 이렇게 치사하게 굴 거야? 우리가 언제 논리를 배웠다고 그래!"

주호는 그새 성질을 못 참고 제논에게 따졌어. 하여튼 김주호는 못 말려!

"논리는 자신이 주장할 내용을 조리 있게 이끌어 나가는 것을 말해. 앞뒤의 말이 서로 맞게끔 말이야."

나는 그때까지도 대체 논리가 뭔지, 제논이 무슨 소리를 하는 것인지 알 수가 없었어. 하지만 어떻게 해서든 제논을 붙잡기 위해 퀴즈를 풀어 보기로 했어.

"좋아, 제논. 우리에게 퀴즈를 내줘. 대신 우리가 그 퀴즈를 풀면 우리 집 컴퓨터에 일어난 논리적 오류를 풀어 주는 거다, 알았지?"

"일단 문제나 풀어 봐! 너희들이 평소 생각하던 대로 퀴즈를 풀면 아마도 내가 원하는 답을 얻어 낼 수 없을 거야. 길거리에서 아저씨들에게 들었던 내용도 참고하고, 너희들만의 새로운 방법으로 답을 알아내도록 해."

"알겠어, 어서 내봐."

나는 '우리보다 수천 년 전 시대를 살았던 컴퓨터도 모르는 꼬마 아이가 내는 문제가 어려워 봤자지' 라고 생각했어.

"그래. 음……, 날아가는 화살은 과연 움직일까?"

"하하하! 그걸 말이라고 하냐?"

주호는 퀴즈를 듣자마자 가소롭다는 듯이 웃었어.

"주호야, 잠깐만. 제논! 퀴즈는 잘 들었어. 그럼 우리에게 시간을 좀 줘. 해가 질 무렵에 다시 이곳에서 만나기로 하자, 어때?"

"좋아. 아까 내가 말한 것 잊지 마. 다르게 생각해야 한다고!"

"그래, 좋아. 그럼 그때 봐."

주호와 나는 다시 둘만 남게 되었어.

"형아도 참! 뭐 하러 해 질 때까지 기다려? 역시 제논은 과거 사람이야. 그런 쉬운 문제를 내다니. 하하하!"

"주호야. 잘 생각해 봐. 제논이 그렇게 쉬운 문제를 냈을까? 음……, 혹시 이곳에는 우리가 모르는 특이한 화살이 있는 건 아닐까? 제논이 그걸 노리고 낸 퀴즈일 수도 있잖아. 우리 그러지 말고 시장에 가 보자!"

"날아가는 화살은 당연히 움직이는 거지, 참……. 알겠어, 알겠어. 가 보자고!"

주호는 뭐 그런 문제를 고민하느냐는 듯 투덜거리며 나를 따라왔고, 우리는 상인들이 몰려 있는 곳으로 갔어. 그리고 화살을 파는 집을 찾아갔지.

"애들은 가라. 안 그래도 파리만 날려서 화딱지 나던 참이니, 괜히 귀찮게 하지 말고 가라."

화살 파는 아저씨는 우리에게 질문할 틈도 주지 않고 우리를 내쫓으려 했어.

"아저씨, 아저씨. 한 가지만 여쭈어 볼게요."

"아이참, 귀찮다는 데도……. 그래, 궁금한 게 뭐냐?"

"아저씨. 우리가 화살을 쏘면 화살이 날아가잖아요."

"그렇지."

"그러면요, 그 날아가는 화살은 움직일까요, 안 움직일까요?"

"뭐야? 이런 실없는 녀석들을 봤나. 너희들 지금 나 약 올리는 거냐? 아니면 내가 움직이지 않는 화살이라도 팔았다는 거냐? 이런 고얀 놈들을 봤나. 얼른 가거라. 나 원 참!"

우리는 결국 쫓겨나고 말았어.

"거봐, 형아. 이건 말도 안 되는 질문이라니까. 답도 뻔하고."

"내 생각도 그렇긴 한데……. 그럼 우리 저기 화살 파는 가게 한 번만 가 보자."

우리는 두 번째 가게에 들어갔어.

"계세요?"

"그래, 계시긴 한데 여기는 화살 파는 집이란다. 애들이 올 만한 곳이 아니지."

"아저씨. 날아가는 화살이요……."

나는 서둘러 주호의 입을 막았어. 그 질문을 또 했다가는 아까처럼 쫓겨날 것 같았거든.

"날아가는 화살이 뭘 어쨌다는 게냐?"

"아, 아니 그게 아니고요. 음……, 저희가 화살을 한 번만 쏴 보면 안 될까요?"

"허허. 희한한 놈들이구먼. 화살은 왜?"

"네? 그, 그냥요. 한 번 꼭 쏴 보고 싶었거든요."

"녀석들. 그래! 호기심은 죄가 아니지. 옜다, 한번 쏴 보려무나."

"정말요? 감사합니다. 주호야. 네가 한 번 해 봐."

"내가? 우와, 알겠어!"

처음으로 화살을 쏴 보는 주호는 신이 난 것 같았어.

"어떠냐? 재미있느냐?"

"네에!"

"근데요, 아저씨. 날아가는 화살은 당연히 움직이는 것이지요?"

결국 주호는 아저씨에게 묻고 말았지. 아저씨는 황당한 표정을 지으셨어.

"하하! 왜 멀쩡한 화살 쏘고는 그런 싱거운 소리를 하는 게냐?

그야 당연하지. '날아간다'는 말 자체가 벌써 화살이 움직이고 있다는 것을 의미하는 것 아니냐?"

"그렇지요? 그렇지요?"

아저씨의 친절한 대답에 주호는 기분이 좋아진 모양이었어.

"암, 그렇고 말고. 그런데 왜 그런 걸 묻지?"

"그러게 말이에요. 이상한 꼬마 아이가 그런 걸 묻지 않겠어요. 흥! 정말 이상한 아이야."

주호는 제논 생각을 하는지 입을 씰룩거렸어. 주호는 제논을 계속 마음에 안 들어 했거든.

"아저씨, 감사합니다. 저희가 나중에 화살을 살 일 있으면 꼭 찾아뵐게요."

"그래. 그 이상한 친구와도 친하게 지내고!"

우리는 두 번째 화살 가게에서 나와 다시 제논을 만나러 갔어.

"답은 알아냈어?"

제논이 먼저 우리에게 물었어.

"너 그런 말도 안 되는 퀴즈로 우리를 떼어 놓을 심산이었나 본데, 어림도 없어!"

"그래서 답은?"

"당연한 거 아냐? 날아가는 화살은 당연히 움직이지!"

주호가 자신 있게 대답했어.

"하하! 그렇지? 자, 그럼 이제 너희들은 너희들 갈 길을 가도록 해. 날 그만 쫓아다니고."

제논은 고소하다는 듯이 웃으며 말했어.

"말도 안 돼. 그럴 수는 없어. 그렇다면 네 말은 날아가는 화살이 움직이지 않는다는 거야?"

나는 믿을 수 없다는 듯 물었어. 그리고 제논의 대답은…….

3 날아가는 화살이 움직이지 않는다고?

"응. 날아가는 화살은 사실 움직이지 않아."

"뭐?"

주호와 나는 믿을 수 없었어.

"사실 운동이라는 것은 존재하지 않거든. 이오니아의 피타고라스는 '세상에 존재하는 모든 것들은 변화한다'고 주장했어."

"그런데? 그게 틀린 말이야?"

주호는 말도 안 된다는 듯이 물었어.

“잘 생각해 봐. 피타고라스의 주장을 두 문장으로 나누어 생각해 보면, 첫 번째 문장은 ‘세상에는 사물이 존재한다’는 것이고, 두 번째 문장은 ‘세상에 존재하는 사물은 변화한다’는 것이겠지?”

“응. 그렇게 이야기할 수 있겠지.”

“그래, 그럼 첫 번째 문장부터 살펴보자. 사물이 존재한다는 것은 그것들이 일정한 크기를 갖는다는 것이고, 바꾸어 말하면 ‘크기를 갖지 않는 것은 존재하지 않는다’라는 말이 돼. 따라서 피타고라스의 주장대로라면 사물이 존재하기 위해서는 아주 작은 것이라도 크기를 가져야 해. 그래서 피타고라스는 단위수 개념이라는 이론을 펼치며 사물과 숫자는 일대일로 짝을 지을 수 있다고 말했던 것이겠지. 우리가 일반적으로 쓰는 1,2,3,4…… 와 같은 숫자 말이야.”

“아, 그렇구나. 그러니까 피타고라스의 주장 속에는 세상에 존재하는 사물은 모두 아주 작은 크기라도 가져야 한다는 의미가 숨겨져 있는 것이구나?”

“맞아. 그럼 이제 두 번째 문장을 살펴보자. 세상에 존재하는 사물이 변화한다는 것은 그 크기가 나누어질 수 있다는 말이야. 그렇게 나누어진 조각을 또 나누고 나누고……. 그런데 이렇게 끝없이 사물의 크기를 나누는 일은 결국 크기가 없는 사물을 만드는 결과를 낳게 돼."

"어? 그럼 아까 얘기한 거랑 말이 안 맞잖아. 아까는 분명 크기를 갖지 않는 것은 세상에 존재하지 않는다고 했잖아."

주호 이 녀석, 제논의 이야기를 대충 듣는 줄 알았는데 그래도 열심히 듣고 있었나 봐.

"바로 그거야. 그러니까 피타고라스의 주장 속에는 서로 함께 존재할 수 없는 두 가지의 의미가 담겨 있다는 거야. 그것을 바로 모순이라고 해. 말의 앞뒤가 안 맞는 것 말이야. 예를 들어 내가 너를 보면서 '넌 참 키가 작으면서 크구나' 라고 말한다면 넌 나를 이상한 아이로 보겠지? 이렇게 동시에 쓰일 수 없는 말을 같이 쓰는 것을 모순이라고 해."

"야! 근데 그게 화살이랑 무슨 상관이냐?"

주호는 또 싸울 기세로 물었어.

"이렇게 설명을 했는데도 모르겠냐? 나 원 참. 어쨌든 나는 이만 가 볼게."

"야! 너 그런 게 어디 있어? 우리는 날아가는 화살이 왜 정지해 있다는 건지 도무지 모르겠다고!"

뒤돌아서는 제논에게 주호가 소리쳤어.

"너희들은 대체 어느 나라에서 온 애들인데 이렇게 말귀를 못 알아듣는 거야? 지금 중요한 것은 화살이 멈춰 있고 움직이고가 아니야. 그것을 통해 '세상에 존재하는 것들은 모두 변화한다' 라는 주장에서 '존재' 와 '변화' 가 동시에 일어날 수 있는 것인가 아닌가를 좀 더 깊이 생각해 보는 일이 중요한 거야. 그런 과정을 통해 '존재와 변화는 동시에 일어날 수 없으므로 존재하는 것은 변화

하지 않는다'라는 결론을 자연스럽게 얻을 수 있는 거지. 아무튼 중요한 건 생각을 이끌어 내는 과정이라고! 내 주장과 정반대인 주장에서 그것의 틀린 점을 찾아내어 내 주장이 옳음을 주장한다고나 할까? 지피지기면 백전백승이라는 말도 모르냐?"

'지피지기면 백전백승?'

집으로 돌아와서 알게 된 사실인데 그건 적을 알고 나를 알면 백 번 싸워서 백 번 승리할 수 있다는 뜻이었어. 그러니까 제논은 자신의 주장이 옳다는 것을 보여 주기 위해 먼저 그것과 반대되는 주장이 잘못된 것임을 설명하려 했지. 그렇다면 자연스럽게 자신의 주장이 옳다는 것을 밝히게 되는 것이니까. 참 특이한 방법이지? 나는 논리적으로 자신의 생각을 표현하는 데 이러한 방법을 쓸 수 있다는 것을 처음 알았어.

"내가 여태 말한 내용을 잘 생각해 보면 내가 왜 화살이 멈추어 있다고 이야기하는지 알 수 있을 거야. 더 이상 할 말 없지? 그럼 이제 너희들은 너희들 갈 길을 가렴. 약속한 대로 더 이상 나를 쫓아다니지 말고!"

제논은 냉정한 표정으로 우리 곁을 떠나려 했지만 우리는 그대로 물러설 수 없었어.

'제논마저 우리를 떠난다면, 우리는……. 안 돼!'

"안 돼, 제논. 우리에게 한 번만 더 기회를 줘."

나는 다급한 마음에 제논을 붙잡았어.

"후유. 정말 끈질기네. 기회? 그럼 퀴즈를 하나 더 풀어 보겠다는 거야?

"응! 이제는 정말 맞출 수 있을 것 같아. 한 번만 더 기회를 줘."

"근데 너희들은 첫 번째 퀴즈에서 틀린 이유를 알기나 하는 거냐?"

"야, 그걸 말이라고 하냐? 당연히 모르지! 지가 설명도 안 해 줘 놓고선……."

나는 툴툴거리는 주호의 입을 서둘러 막았어.

"곧 알아낼게, 제논."

"좋아. 이번이 정말 마지막이다. 딴소리하기 없기야!"

"알겠어."

제논은 무언가 곰곰이 생각을 하더니 다음 퀴즈를 냈어.

4 아킬레우스와 거북이의 경주

"아킬레우스와 거북이가 달리기 시합을 한다고 쳐."

"거북이는 알겠는데, 아킬레우스? 어디서 많이 들어 봤는데……. 참! 그거 여기 아니야? 여기! 여기를 아킬레스건이라고 하잖아!"

주호는 발을 추켜올리며 말했어. 나는 책에서 보았던 내용을 주호에게 말해 주었지.

"맞아, 주호야. 내가 예전에 책에서 봤는데 아킬레우스는 원래 그리스 신화에 나오는 인물이래. 그리스의 여신 테티스와 인간인 펠레우스가 낳은 아이의 이름이 아킬레우스였는데, 테티스는 자신의 아들이 인간이라는 단점을 극복하고 강철같이 강해지기를 원했어. 그래서 인간을 강하게 만들어 준다는 강물에 어린 아킬레우스를 담그게 되었지. 그래서 아킬레우스는 특히 발이 빠른 강한 인간이 되었어. 한 가지 약점이 있었다면 발뒤꿈치가 약하다는 것이었어. 여신 테티스가 아킬레우스를 강물에 담글 때 발뒤꿈치를 잡고 있는 바람에 발뒤꿈치는 강물에 담그지 못했거든. 결국 아킬레우스는 그리스와 트로이 간의 전쟁에서 발뒤꿈치에 화살을 맞고 죽게 돼."

"맞아, 형아. 나도 들어 본 것 같아. 달리기를 무지 잘하는 아킬레우스! 그런데 그런 약점이 있었구나. 그래서 사람들이 자신의 약점을 이야기할 때 아킬레우스의 이름을 사용하나 봐."

"그래, 그렇지."

"너희들, 내 말 안 들을 거야?"

우리들이 그리스 신화 이야기에 너무 푹 빠져 있었나 봐. 제논이 노려보고 있는 줄도 모르고 말이야. 히히!

"끝까지 들어 봐. 그런데 그 둘이 똑같은 곳에서 출발하는 게 아니고, 거북이가 조금 더 앞에서 출발하는 거야."

"조금 더? 그래도 당연히 아킬레우스가 이기지 않을까? 거북이가 얼마나 느린데……. 그리고 아킬레우스는 달리기를 잘하잖아. 휘리릭!"

"주호야, 가만히 있어 봐."

김주호의 호들갑은 알아줘야 한다니까.

"제논, 그럼 우리에게 다시 시간을 줘."

"좋아. 시간은 얼마든지 줄 수 있어. 나는 어디 또 재미있는 이야기가 있나 동네를 한 바퀴 돌고 올 테니까 그때까지 답을 알아내도록 해."

"그래, 알겠어."

제논은 우리를 남겨 두고 다시 거리로 나갔어.

"형아. 아킬레우스와 거북이가 경주를 한다는 게 말이 돼? 푸하하하! 거북이를 결승점 바로 앞에 두고 경기를 시작해도 아마 아킬레우스가 이길걸?"

"주호야. 우리 그렇게 확신했다가 첫 번째 퀴즈도 틀리고 말았잖아. 이번에는 더욱 진지하게 생각해 보자."

"그럼 형아. 우리가 아킬레우스와 거북이가 되어서 실제로 달리기 시합을 해 볼까? 형아가 나보다 달리기는 훨씬 잘하잖아. 내가 형보다 조금 더 앞에서 출발하면 될 것 같은데."

"음……, 아니야. 해 볼 필요도 없을 것 같아."

"왜? 이것저것 해 봐야지!"

"저번에도 화살을 쏴 봤지만 제논이 원하는 답을 알아낼 수 없었잖아. 이번에도 제논은 분명 사실을 넘어서는 기막힌 생각을 갖고 문제를 냈을 거야."

"사실을 넘어선? 에이, 너무 어렵다."

"차근차근 생각해 보자. 첫 번째 문제에서 제논은 피타고라스의 이야기를 했지. 피타고라스는 세상에 존재하는 모든 것이 변화한다고 했는데 제논은 그 말 속에 모순이 있다고 했어. 그래서 세상엔 운동이 없다고 말했지. 그러한 이야기를 날아가는 화살에 적용시켜 보면……."

"아! 그래, 바로 이거야! 형아 내가 알아냈어."

"정말?"

"그래! 나만 믿으라고. 히히!"

나는 자신만만해하는 주호를 믿어 보기로 했어. 제논이 돌아왔어.

"제논! 크세 아저씨를 만났니?"

"아니."

"그럼 파르 아저씨는?"

"아니."

"그럼 오늘은 누구를 만났는데?"

"얼른 너희들이 생각해 낸 퀴즈 답이나 말해 봐."

제논은 여전히 우리를 귀찮아했어.

"그건 말이지."

주호가 자신 있게 입을 열었어.

5 사실을 넘어서는 논리적인 생각?

"아킬레우스는 영원히 거북이를 따라잡을 수 없어!"

엥? 나는 엉뚱한 소리를 하는 주호 때문에 깜짝 놀라고 말았지. 하지만 제논은 차분하게 주호에게 질문을 했어.

"그렇게 생각해? 좋아. 그럼 그 주장으로 나를 설득시켜 봐. 그 주장이 옳다는 것을 논리적으로 증명해 보라는 거야."

"좋아!"

주호는 아주 자신만만한 표정이었어.

"잘 들어 봐. 저번에 네가 낸 퀴즈를 먼저 살펴볼게."

"좋아."

"먼저 피타고라스의 주장대로라면 화살과 과녁 사이의 거리는 계속 쪼갤 수 있어. 존재하는 것은 크기가 있고 변화한다고 말했으니까 말이야."

"그렇지. 그 사이가 백 미터라면 그 중간은 오십 미터 또 그 중간은 이십오 미터……, 그렇게 쪼갤 수 있겠지."

"응. 맞아."

"바로 그렇게 화살과 과녁 사이에 엄청나게 많은 공간 공간이 존재하기 때문에 화살이 멈춰 있다고 말해야 하는 거야."

"그건 또 무슨 말이야, 주호야."

난 그때까지도 주호가 무슨 말을 하는 건지 이해할 수가 없었어.

"아이참, 형아. 잘 생각해 봐. 무지하게 많은 그 공간 공간을 따로따로 생각해 봤을 때 각각의 공간에서 화살은 계속 멈추어 있어. 우리는 그것을 마치 화살이 움직이고 있는 것처럼 착각하고 있는 거지."

"아……, 그러니까 '존재'와 '변화'를 동시에 인정하는 피타고라스의 주장대로 날아가는 화살을 살펴본다면 모순이 생긴다는 것이구나?"

"그렇지! 세상에 존재하는 것은 모두 크기를 가지고 변화한다고 말했으니까 그 말대로 화살과 과녁 사이의 거리를 쪼개어 보았잖아. 그렇게 따지면 날아가는 화살은 그 쪼갠 거리의 조각조각마다 멈추어 있는 것이 되어 버린다, 이거야. 분명 모든 것이 변화한다고 말했는데 말이야."

"우와, 정말 그러네. 그럼 '세상에 존재하는 모든 것은 변화한다' 라는 주장이 틀렸다는 것을 설명했으니까 자연스럽게 '세상에 존재하는 것은 변하지 않는다' 라는 말이 맞는 거네?"

"맞아, 형아. 제논, 어때? 이게 네가 생각하는 내용이 맞지?"

주호는 팔짱을 끼고 자신만만한 표정으로 물었어.

"아주 바보인 줄 알았는데 그렇지는 않구나, 흥!"

제논은 주호가 화살 퀴즈를 풀어낸 것에 대해 의외라는 반응을 보였어. 그리고 말했지.

"그건 그렇고 이제 두 번째 퀴즈의 답에 대해서 설명해 봐. 아킬레우스는 먼저 출발한 거북이를 따라잡지 못한다고?"

"어? 그건 내가 설명할 수 있을 것 같아!"

저번에 제논이 알려 준 피타고라스 이야기와 지금 주호의 이야

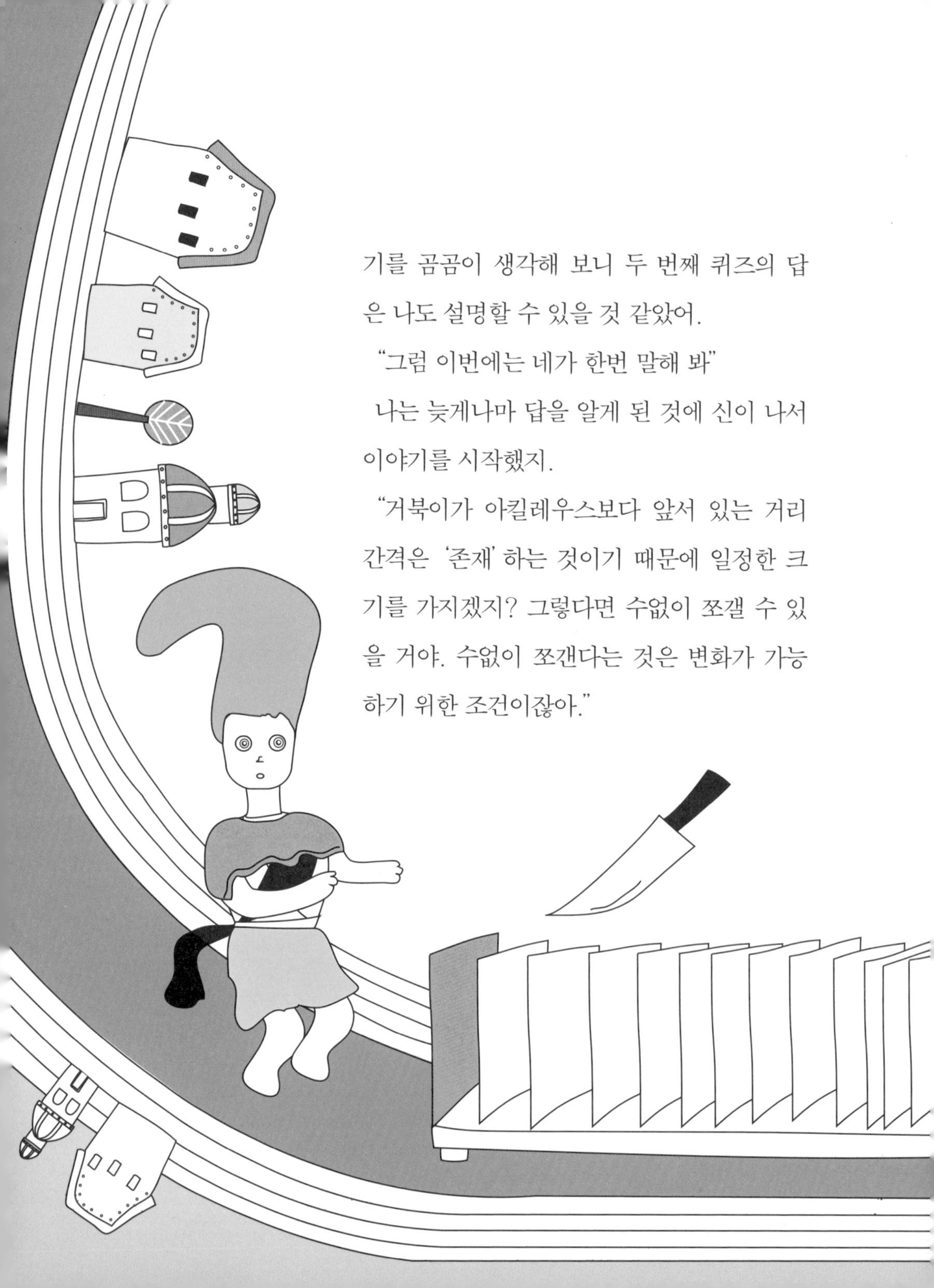

기를 곰곰이 생각해 보니 두 번째 퀴즈의 답은 나도 설명할 수 있을 것 같았어.

"그럼 이번에는 네가 한번 말해 봐"

나는 늦게나마 답을 알게 된 것에 신이 나서 이야기를 시작했지.

"거북이가 아킬레우스보다 앞서 있는 거리 간격은 '존재'하는 것이기 때문에 일정한 크기를 가지겠지? 그렇다면 수없이 쪼갤 수 있을 거야. 수없이 쪼갠다는 것은 변화가 가능하기 위한 조건이잖아."

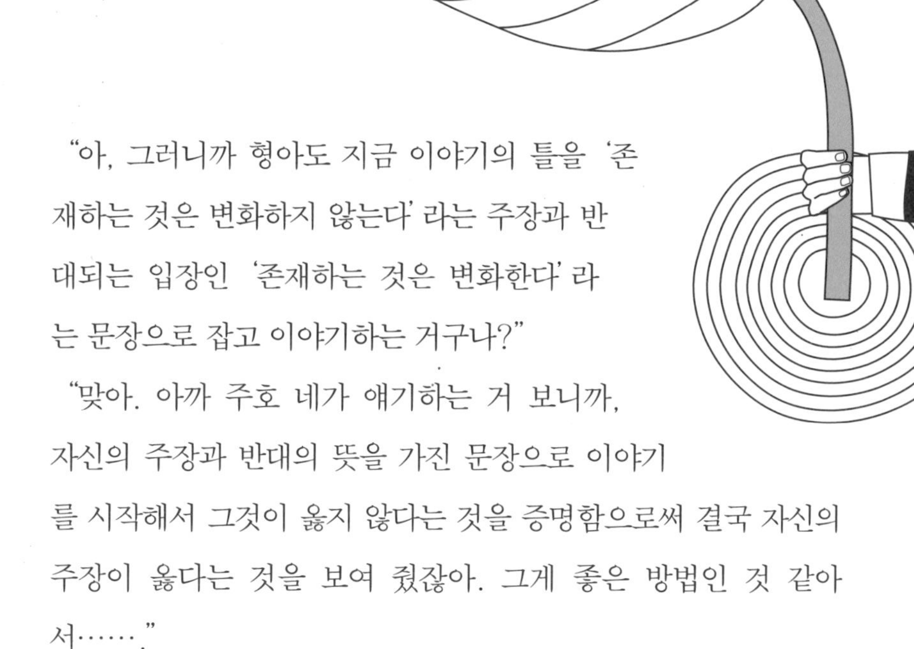

“아, 그러니까 형아도 지금 이야기의 틀을 ‘존재하는 것은 변화하지 않는다’라는 주장과 반대되는 입장인 ‘존재하는 것은 변화한다’라는 문장으로 잡고 이야기하는 거구나?”

“맞아. 아까 주호 네가 얘기하는 거 보니까, 자신의 주장과 반대의 뜻을 가진 문장으로 이야기를 시작해서 그것이 옳지 않다는 것을 증명함으로써 결국 자신의 주장이 옳다는 것을 보여 줬잖아. 그게 좋은 방법인 것 같아서…….”

"그러니까 너는 먼저 네 의견을 부정하는 것에서 이야기를 시작하는 것이구나."

"아, 그런 것을 '부정'이라고 하는 것이구나. 그러니까 부정이 틀렸다는 것을 밝히면 원래 내 의견이 맞는 게 되는 거잖아."

"그렇지. 얘기 계속해 봐."

"아, 그러니까 말이지. 그게 말이지……. 근데 어디까지 했더라?"

"히히, 형아 바~보! 거북이가 아킬레우스보다 앞선 거리 간격을 쪼갠다고 했잖아."

"아, 그래. 변화한다는 것은 크기가 나누어질 수 있다는 소리이기도 하니까 아킬레우스와 거북이 사이의 거리는 수없이 쪼갤 수 있어. 그런데 이러한 변화가 오히려 아킬레우스가 거북이를 따라잡지 못하게 하는 요인이 되는 거야. 아킬레우스와 거북이 사이의 거리를 수없이 쪼갤 수 있다는 것은 아킬레우스가 따라잡아야 할 중간 구간이 끝없이 많다는 이야기잖아."

"어? 정말 그러네? 아킬레우스와 거북이 사이의 거리를 수도 없이 쪼갤 수 있다는 변화의 조건이 아킬레우스가 거북이를 앞지를 수 없는 원인이 되는 것이구나. 변화라는 것이 정말 존재한다면 아킬레우스가 거북이를 앞지르는 변화도 일어나야 하는데 말이야."

"주호 네 말이 맞아. 제논! 우리의 대답이 네 생각과 비슷하니?"

나는 또 다시 제논에게 퇴짜를 맞을까 봐 마음이 조마조마했어.

"음……, 너희들이 문제의 의도를 이해한 것 같긴 해."

제논은 우리가 문제를 맞힌 것이 썩 유쾌하지 않은 모양이었어. 제논은 아직도 우리가 낯설고 싫은가 봐.

"내가 생각했던 것도 그런 것이었어. 나는 세상에 존재하는 것은 변화하지 않는다고 생각하거든. 존재와 변화는 동시에 일어날 수 없다고 보았어. 그런데 그 주장을 논리적으로 증명해 내는 일은 어려웠어. 너희들이 보았던 크세 아저씨나 파르 아저씨도 그 일을 해내지 못했잖아."

"맞아. 그 아저씨들도 변화, 즉 운동은 없다고 주장하긴 했는데 사람들을 설득할 만한 근거를 찾진 못한 것 같았어."

"응. 그래서 나는 이 일을 꼭 해내리라 다짐했었는데, 그때 마침 피타고라스의 주장을 듣게 된 거야. 나는 나의 주장이 옳다는 것을 보여 주기 위해 사실적인 근거를 찾기보다는 나와 반대되는 주장을 펼치고 있는 피타고라스의 이야기가 틀렸다는 것을 논리적으로 증명하기 시작했어. 사실을 넘어서는 논리적인 증명 말이야.

그러다 보니 그 과정에서 '날아가는 화살' 이나 '아킬레우스와 거북이의 경주' 등의 이야기를 생각해 낸 거야."

"아, 그랬구나."

나는 생각하고 고민하는 것을 즐거워하는 제논이 신기하기만 했어.

"먼저 날아가는 화살 이야기에서 변화가 가능하다는 주장으로 이야기를 시작해 보면 화살과 과녁 사이의 거리는 무한히 분할할 수 있겠지?"

"무한…… 분……, 뭐?"

우리는 어려운 단어가 나오자 당황했지, 뭐야.

"무한 분할 말이야! 끝도 없이 쪼갠다는 뜻이야."

"아, 그 말이 그 뜻이구나. 그래서?"

"화살과 과녁 사이의 거리가 무한히 분할되다 보면 화살은 그 구간 구간에서 정지하고 있는 셈이 되어 버리지. 그리고 화살이 통과해야 할 구간도 끝도 없이 많아지니까 화살은 과녁에 도착하지 못하겠지. 그건 결국 화살은 운동하지 않으며 변화하지 않는다는 말이 돼 버려. 아킬레우스와 거북이의 경주에서도 변화를 인정한다면 아킬레우스와 거북이 사이의 거리 간격은 무한 분할이 가능한데 그렇게 되면 아킬레우스는 끝없이 많은 구간 구간을 통과해야 하므로 거북이를 앞지르는 변화를 일으킬 수 없게 되지."

"맞아! 저번에 네가 말했던 그 모, 모……."

"주호야, 모순!"

"응. 그거! 바로 그게 발생하게 되는구나!"

주호도 아는 체를 하며 신이 나 했어.

"맞아. 그렇기 때문에 결국 존재하는 것이 변화한다는 말은 앞뒤가 맞지 않는 말이 되는 것이고 자연히 존재하는 것은 변하지 않는다는 말이 맞게 되는 거야."

"그럼 우리가 두 번째 퀴즈를 풀어낸 거네? 제논! 이제 우리 컴퓨터의 문제를 해결해 주는 거지?"

"어? 난 그런 소리 한 적 없다!"

"야! 너 딴소리하기야? 그럼 여태 퀴즈는 왜 냈냐?"

주호는 화를 냈어.

"뭐, 퀴즈를 맞혔으니 나를 쫓아다니는 건 상관없는데 난 니들이 말하는 그 컴, 컴……, 암튼 그게 뭔지는 몰라!"

제논의 패러독스

패러독스란 논리적으로는 흠잡을 데 없어 보이지만 결론이 황당하게 나오는 논증입니다. 가장 오래되고 가장 유명하기도 한 패러독스의 예가 고대 그리스 시대를 살았던 제논의 패러독스입니다. 특히 '아킬레우스와 거북이의 달리기 경주' 패러독스는 우화의 성격을 띠는 것으로써 매우 친근한 예입니다. 이 밖에도 제논의 패러독스로 알려진 예로는 세 가지가 더 있습니다. 우리는 이러한 패러독스들이 실은 당시의 미흡한 수학 이론과 과학 이론의 발전에 결정적인 기여를 했다는 점을 아울러 새겨야 할 것입니다. 제논의 네 가지 패러독스가 얼핏 보기에는 황당해 보이지만 거기에는 공통적으로 두 가지의 뚜렷한 목표가 담겨 있었습니다. 우리는 이 점을 간과하고 제논의 패러독스를 단순히 궤변으로만 여기고 있습니다.

수학적 목표는 최소단위의 수 개념에 바탕을 둔 피타고라스학파의 수 이론의 불완전함을 보이는 것이고, 과학적 목표는 더 이상 쪼갤 수 없는 물질의 최소단위와 빈 공간을 인정하는 데모크리토스 원자론의 불완전함을 입증하는 것입니다. 왜냐하면 제논의 패러독스는 '황당한 주장이 사실임' 을 보여 주는 것이 아니라 '최소단위의 수 개념이나 최소단위 물질과 빈 공간을 바탕으로 삼으면 황당한 결론에 도달하게 됨' 을 주장하는 것이기 때문입니다.

제논이 자신의 주장을 전개한 논증 방법은 수학과 과학에 엄청나게 큰 기여를 했습니다. 어떤 이론이 불완전함을 보이거나 또는 어떤 주장이 틀렸음을 입증하기 위한 획기적인 방법이라는 점에서, 제논의 패러독스가 갖는 의미와 가치는 큰 것입니다. 그것은 어떤 주장의 직접증명이 어려울 때 다음과 같은 간접증명을 제공하고 있습니다.

1. A라는 이론이 틀렸음을 주장하고자 함.
2. A라는 이론의 기본 전제가 옳음을 바탕으로 극단적 형태의 주장을 취함으로써 그 결과가 터무니없는 것임을 보임.
3. 그럼으로써 A라는 이론의 기본 전제에 문제가 있음을 증명함.
4. 결국 A라는 이론이 틀렸음을 간접적으로 증명하게 됨.

여기서 제논의 입장에서 반대하고자 했던 A라는 이론은 피타고라스의 수 이론과 데모크리토스의 원자론입니다. 그리고 그 기본 전제는 더 이상 쪼갤 수 없는 최소의 단위수(정수 및 그 비인 유리수) 또는

단위 물질(원자) 개념입니다. 세계는 그런 단위 물질을 바탕으로 해서 이루어져 있고, 그런 세상을 파악하는 창인 수의 세계 역시 그런 단위수들로 이루어져 있다는 것입니다. 또한 제논은 그의 스승 파르메니데스의 이론인 '세상은 불변의 하나' 라는 주장을 옹호하기 위하여 그와 반대되는 이론을 논박하고자 했습니다. 왜냐하면 변화란 독립된 여러 개체들의 운동에 의해서 일어나는데, 독립된 개체들의 다수성을 논박하면 세계는 한 덩어리로서 변화는 불가능하고 결국 '불변의 하나인 세계' 가 보장되는 셈이지요. 그러기 위해서 물질이 일정한 최소단위로 나뉠 수 없음을 보임으로써 피타고라스의 수 이론과 데모크리토스의 원자론에 문제가 있음을 입증하고자 했던 것입니다.

여기에 사용된 간접증명 방법을 귀류법이라 부릅니다. 만일 귀류법이 없었다면 수학의 논증적 엄밀함은 지금만큼 풍부하게 이룩되지 못했을 것입니다. 결국 제논의 패러독스는 피타고라스 수학 이론을 공격하기 위해서 나타났는데, 그것은 수학 발전에 중요한 수학 논법인 귀류법을 제공한 셈입니다.

3

재판에서 논증을 사용한다고?

운동은 불가능하다. 왜냐하면 운동하는 모든 것은 그 목표에 도달하기에 앞서 그 과정의 한복판에 도달해야만 하기 때문이다. 그러나 그 한복판에 도달하기 전에 또 그것의 반인 1/4점에 도달해야 한다. 이와 같이 무한히 계속된다. 그러므로 운동은 시작조차 할 수 없다.

– 제논

1 거리에서 재판이 열린대

제논은 아직 우리를 도와주고자 하는 마음이 별로 없어 보였지만 퀴즈를 풀었기 때문에 우리는 일단 마음 놓고 제논을 따라다닐 수 있었어. 이렇게 제논과 함께 논리에 대해 배우다 보면 지금 당장은 아니어도 조만간 컴퓨터에 발생한 문제를 해결해서 집으로 돌아갈 수 있을 것 같았어.

그런데 제논은 하루 종일 엘레아 거리를 돌아다니기만 했어.

"형아. 재는 다리도 안 아픈가 봐. 아무 말도 없이 하루 종일 무슨 생각을 하는 걸까?"

주호는 제논을 이해할 수가 없다고 했지. 나 역시 그랬어.

제논은 그렇게 아무 말 없이 거리를 걷다가 길거리에서 흥미로운 이야기를 하는 사람이 있으면 몇 시간이고 그 앞에 앉아 이야기를 듣곤 했어. 주호와 나는 사람들이 나누는 이야기가 무슨 뜻인지도 모른 채 헉헉거리며 제논을 따라다니기 바빴지.

그날은 유난히 거리에 사람들이 많이 몰려 있었어.

"오늘은 진짜 범인을 가려낼 수 있겠지요?"

"아이고, 그래야지. 암, 그래야지. 저 청년이 진짜 장씨를 죽였다면 벌을 받아 마땅할 테고, 아니라면 억울한 사람 마음고생 그만 시켜야지."

"휴우. 그러게 말이에요. 참 성실한 청년이었는데……."

"자자, 저기 우리 마을에서 최고로 나이가 많으신 촌장님이 나오시는 것을 보니 범인이 밝혀지겠구먼. 어디 지켜보자고."

옆에 있는 아저씨와 아주머니가 나누는 이야기를 들어 보니 마을에 살인 사건이 일어났던 것 같았어. 그리고 거리에서 곧 재판이 열릴 모양이었어. 마을 사람들과 마을의 우두머리인 촌장이 재판장이 되어서 마을에서 일어난 크고 작은 사건에 대해 판결을 내리는 것이지.

재판은 시작되었고 범인으로 지목된 청년이 먼저 입을 열었어.

"촌장님. 저는 진짜 범인이 아니에요."

"그런데 자네가 범인이 아니라는 것을 증명할 길이 없지 않나? 자네는 분명 그날 장씨의 집을 방문했었고, 자네가 보리빵을 즐겨 먹는다는 것은 동네 사람들이 다 아는 사실이네."

"네? 보리빵이요?"

"그래, 보리빵! 장씨를 죽인 범인은 그날 범행에 사용된 몽둥이를 놓고 갔지. 그런데 그 몽둥이 손잡이에 보리빵 가루가 잔뜩 묻어 있었네."

"아, 그러니까 제가 그날 보리빵을 먹지 않았다는 것만 보여 드리면 되는 거지요?"

"그렇지! 범인은 그날 장씨네 집을 방문하기 전에 보리빵을 먹었을 테니 말일세."

"촌장님! 저는 지금껏 살면서 시장에 있는 맛나빵집과 달콤빵집에서만 빵을 사다 먹었어요."

"그걸 내가 어떻게 믿을 수 있나?"

"맛나빵집 주인아저씨와 달콤빵집 주인아저씨가 저기에 나와 계세요. 물어보시면 될 거예요."

빵집 주인이라는 두 아저씨는 청년의 말이 맞다며 빵집 장부에도 기록이 남아 있다고 했어.

"그래. 그 사실은 인정하겠네. 그런데 그게 뭐 어쨌다는 것인가?"

"그런데 사건이 일어난 그날따라 맛나빵집과 달콤빵집이 모두 문이 닫은 거예요. 그 사실도 직접 물어보시면 알 수 있을 것입니다. 그래서 저는 그날 빵을 먹을 수 없었습니다. 정확히 기억은 안 나지만 맞은편 과자점에서 과자를 사다 먹었던 것 같습니다. 아무튼 저는 그날 빵을 먹지 않았습니다!"

"그렇군. 자네가 지금껏 살아오면서 맛나빵집과 달콤빵집에서만 보리빵을 사다 먹은 것이 입증되었고, 그날은 맛나빵집과 달콤빵집이 모두 문을 닫았으니 결론적으로 자네가 보리빵을 먹지 않았다는 것이 되겠구먼."

"네, 맞습니다! 촌장님."

"자자. 여러분 모두 들으셨지요? 그러므로 저는 이 자리에서 청년의 무죄를 선포합니다. 탕! 탕! 탕!"

촌장님의 결정에 아무도 불만을 갖지 않았어. 그렇게 그 청년은 자신의 무죄를 논리적으로 증명해 냈던 것이지.

“이게 바로 삼단논법을 사용한 예라고 할 수 있겠군.”

재판을 지켜본 제논이 중얼거렸어.

“삼단논법? 그게 뭐야? 삼단…… 계단이 세 개? 그게 뭐야?”

제논은 또 내 말을 들은 척도 하지 않고 홱 돌아서고 말았어.

‘제논은 언제쯤 우리를 친구로 봐줄까? 나는 제논과 친해지고 싶은데…….’

제논은 그런 내 마음도 모르고 건너편으로 발걸음을 옮겼어. 그곳에는 또 다른 재판이 준비 중이었어. 그런데…….

2 변호인이 된 제논

'억울해' 라는 이름을 가진 아저씨가 제논에게 다가오는 게 아니겠어?

"이름이……?"

"제논이라고 하는데요."

"그래, 제논."

"저를 아세요?"

"지난번 길거리에서 두 여자가 한 남자를 두고 서로 자기 남편이라고 싸웠던 거 기억하지?"

"아……, 네. 기억나요."

"그때 나도 그 자리에 있었단다. 그리고 제논 네가 기막힌 방법으로 문제를 해결하는 모습을 보았지. 그래서 말인데……."

아저씨는 제논에게 자신의 사정을 설명하면서 도움을 요청했어.

"저쪽 사람은 변호사다 뭐다 해서 똑똑한 사람들을 죄다 이끌고 나온 모양인데, 나는 돈도 없고……, 그렇다고 말 주변이 있는 것도 아니고……. 제논 네가 나를 좀 도와줄 수 없겠니? 부탁한다, 제논."

억울해 아저씨는 제논의 손을 꼭 쥐며 간절히 부탁했어.

"알겠어요, 아저씨. 제가 도와드릴게요."

제논도 처음에는 망설이는 듯하더니 억울해 아저씨의 진심 어린 눈빛에 마음이 돌아섰나 봐. 드디어 재판이 시작되었어. 사건의 내용은 이러했어.

억울해 아저씨에게는 오랫동안 알고 지내던 이웃집 사람인 시치미 아저씨가 있었어. 그런데 어느 날 그 시치미 아저씨의 아들이 병에 걸려 수술을 받게 된 거야. 시치미 아저씨는 억울해 아저씨에게 돈을 빌려 달라고 했고, 억울해 아저씨는 시치미 아저씨의 딱한 사정을 보고 큰돈을 선뜻 빌려 주었지. 그 아들은 억울해 아저씨의 돈으로 수술을 받고 건강해지게 되었어. 시간이 지나 시치미 아저씨의 사업이 번창하게 되었는데 글쎄, 그 시치미 아저씨가 이제 와서 돈을 빌린 적이 없다고 시치미를 떼는 거야. 돈을 빌려줄 당시에 무슨 계약서를 썼던 것도 아니고, 증인이 있었던 것도 아니라 사실을 증명할 수 없었어. 결국 시치미 아저씨가 시치미를 떼는 통에 억울해 아저씨는 속만 태울 뿐이었지. 그러다가 두 사람은 재판까지 치르게 된 거야.

그런데 재판은 점점 억울해 아저씨에게 불리한 상황으로 진행되어 갔어. 아까도 말했지만 증거가 매우 부족했거든. 억울해 아저씨는 단지 오래 알고 지낸 이웃집 사람에 대한 믿음 하나로 돈을 빌려 주었으니 말이야.

"촌장님! 저는 억울해요. 흑흑. 정말 억울해요. 저는 분명 그날 시장에서 이 사람에게 돈을 빌려 줬다고요. 그것도 제 전 재산에 가까운 돈을……. 흑흑. 촌장님! 저는 정말 억울해요. 억울해요. 흑흑."

"아니, 억울해 씨는 왜 자꾸 자신의 이름만 말하고 있나요? 그러니까 억울해 씨를 믿어 줄 만한 증거를 대라니까요!"

"……."

"거봐요, 촌장님! 보시다시피 제가 이 사람에게 돈을 빌렸다는 증거가 없지 않습니까? 이 사람이 생사람을 잡는 거라고요. 저는 이 사람이 저한테 돈을 꿔 주었다는 그 시장이 어딘지도 몰라요. 아무튼 저는 이 사람에게 단 한 푼도 빌린 적이 없습니다. 그러니까 갚을 돈도 없다고요!"

시치미 아저씨는 매우 자신만만한 표정이었어. 억울해 아저씨와 제논은 답답한 표정만 지을 뿐 해결책을 찾지 못하고 있었어. 이 위기를 어쩌면 좋지?

"억울해 씨, 더 이상 할 말 없지요?"

"네……."

억울해 아저씨는 아예 포기해 버렸는지 풀이 죽어서 대답했지.

"자, 그럼 이 사건은 없었던 것으로……."

'안 돼! 그럴 수는 없어! 이대로 재판이 끝나면 억울해 아저씨는 더 이상 억울함을 풀 길이 없게 되고, 제논은 좌절하게 될 거야.'

"잠깐만요!"

사람들은 모두 숨을 죽인 채 나를 쳐다봤어. 나는 벌떡 일어나서 재판을 끝내려는 촌장 아저씨의 말을 끊었거든.

"제가 봤어요!"

사람들은 모두 수군거리기 시작했어.

"증인이 있었구먼!"

"에이, 저런 꼬마 아이가 뭘 안다고요. 그냥 저러는 걸 거예요."

"가만, 무슨 얘기인지 일단 들어나 보자고!"

나는 일단 일어서기는 했는데 도대체 무슨 말을 해야 할지 당황스러웠어.

"제가 그날 그 시장에서 억울해 아저씨가 시치미 아저씨에게 돈을 빌려 주는 것을 봤어요."

'내가 도대체 무슨 말을 하고 있는 거지?'

나는 당황스러운 나머지 아무 말이나 내뱉고 있었어.

"형아, 왜 그래? 그때 우리는 이곳에 있지도 않았는데!"

주호가 내 바지를 끌어당기며 속삭였어.

"내가 무슨 말을 하고 있는지 나도 모르겠어. 하지만 어떡해. 이대로 재판을 끝낼 수는 없잖아. 내가 이렇게 말했으니 시치미 아저씨도 당황하게 될 거야."

"난 몰라. 형아 맘대로 해."

주호는 허둥지둥 거짓말을 해대는 내 모습에 할 말을 잃은 것 같았어. 나의 폭탄선언에 거리는 술렁거렸지만 정작 시치미 아저씨는 가소롭다는 표정만 지을 뿐이었어.

“자, 증인이 나타났는데…….”

촌장 아저씨의 말이 끝나기도 전에 시치미 아저씨는 웃음을 터뜨리며 말했어.

“하하하! 저런 거짓말쟁이 꼬마를 봤나. 촌장님, 저 아이가 하는 말은 신경 쓰실 필요 없어요. 저 아이는 지금 거짓말을 하고 있거든요. 야, 이 바보야! 그날 시장에는 아무도 없었어! 장이 서는 날도 아니었고, 비가 억수같이 쏟아졌거든. 거짓말을 하려면 제대로 해야지. 하하하!”

나는 또 당황하고 말았어.

‘이번에는 또 무슨 말로 둘러대야 하는 거지?’

그런데 그때!

3 범인은 밝혀졌어

고개를 숙이고 있던 제논이 무언가 생각이 났다는 듯 벌떡 일어서는 게 아니겠어.

"저 사람은 거짓말을 하고 있는 것이 확실합니다!"

제논 덕에 위기를 넘기긴 했는데 제논이 대체 무슨 생각으로 저런 말을 하는 건지 나는 걱정스런 눈빛으로 그를 쳐다보았어.

"여러분, 생각해 보십시오. 저 사람이 사건 당일 그 시장에서 억울해 아저씨에게 돈을 빌리지 않았다면 그날 비가 억수같이 내린 것과, 그 시장에 사람이 한 명도 없었다는 것을 어떻게 기억할 수 있었을까요?"

"어머어머, 정말 그러네."

"웬일이니, 웬일이야! 감쪽같이 속을 뻔했네."

자리를 뜨던 사람들은 제논의 말에 깜짝 놀라며 다시 몰려들었어.

"저 사람이 여태 한 말이 거짓말이 아니라면, 정말 저 사람이 범인이 아니라면 그것은 불가능한 일입니다. 그러므로 저 사람이 범인인 것이 확실합니다."

'우와, 제논! 내가 생각 없이 내뱉은 말에서 저런 근사한 추리를 해내다니!'

나는 그저 놀라울 따름이었어. 이웃집 남자는 그제야 얼굴이 빨개지며 당황하기 시작했고, 촌장 아저씨는 흐뭇한 미소를 지었지.

"오! 그렇군요. 억울해 씨는 아주 멋진 변호인을 두었군요!"

촌장 아저씨는 그렇게 억울해 아저씨의 억울함을 인정해 주었고 시치미 아저씨에게 빌린 돈의 5배를 갚으라는 판결을 내렸어.

"정말 고맙다, 제논. 흑흑. 그건 정말 내 전 재산이었거든. 내가 어떻게 해서 모은 돈인데……. 흑흑. 아무튼 정말 고맙다, 제논."

"아저씨. 저한테 고마워하실 것 없어요. 이 재판은 이 아이 덕분에 이길 수 있었던 거예요."

엥? 제논이 나를 가리키며 이야기하는 것이 아니겠어.

"그게 무슨 소리야? 우리 형아가 괜히 쓸데없이 거짓말을 하는 바람에 내가 얼마나 놀랐다고. 내가 지금도 그때를 생각하면……, 휴우."

주호는 고개를 절레절레 흔들며 가슴을 쓸어내렸어.

"아냐 아냐, 그렇지 않아. 생각해 봐. 영준이가……."

제논이 처음으로 내 이름을 불렀어. 그래도 내 이름은 알고 있었나 봐. 히히! 나는 괜스레 기분이 좋아졌지 뭐야.

"영준이가 그때 그 상황에서 자신이 증인이라고 말하지 않았다면, 시치미 아저씨가 자기 입으로 그날의 상황을 이야기했겠니? 그 사람은 분명 자신은 그 시장에 가 본 적이 없다고 말했었잖아."

"맞다! 그런데 영준이 형아가 그날 시장에 있었다고 말하니까, 형아가 거짓말을 하고 있다면서 그날 시장에 한 사람도 없었다고 이야기하게 된 것이구나. 자신이 거짓말을 하고 있다는 건 생각도 못하고 말이야."

주호는 이제야 제논의 말을 이해한 것 같았어.

"그렇지, 영준아. 네 덕에 이번 재판에서 이 아저씨의 억울함을 풀어 줄 수 있었어. 고맙다."

"그래, 고맙구나."

제논과 아저씨는 나에게 계속 고맙다는 말만 되풀이했어. 나는 어찌할 바를 몰랐지.

"근데 형아, 정말 이런 상황을 예상하고 그렇게 벌떡 일어나서 형아가 증인이라고 말한 거였어?"

"어? 어? 어……. 그렇지, 짜샤! 형아가 이렇게 똑똑한 사람인 거 이제 알았냐?"

나를 존경스럽다는 듯이 바라보는 주호의 눈빛에 나는 그만 거짓말을 하고 말았지 뭐야. 사실 그때는 어떻게든 재판을 조금 더 끌어 보려고 아무 말이나 둘러댄 것이었는데 말이야. 참, 이건 지금까지도 나만 아는 비밀이야. 쉿!

"영준아. 나는 정말 너를 다시 보게 되었어. 그동안 너희들을 구박하고 따돌리려고 해서 미안해. 우리 앞으로 서로 도와 가며 논리에 대해 공부해 보자. 아직 무슨 말인지는 잘 모르겠지만 너희들의 그 컴……."

"컴퓨터!"

"그래, 암튼 그 문제도 같이 풀어 보자. 자, 이거……."

제논은 언제 준비했는지 올리브 나뭇가지를 우리에게 건넸어.

"그리스에서는 화해의 상징으로 올리브 나뭇가지를 건네주곤 해. 받아 줘."

우와! 역시 멋진 제논! 주호와 나는 기쁜 마음으로 올리브 나뭇가지를 건네받았어.

"짝! 짝! 짝!"

"어?"

억울해 아저씨는 그때까지도 가지 않고 우리를 지켜보고 있었어.

"너희들 사이좋게 지내려는 모습이 아주 보기 좋구나. 곰곰이 생각해 보았는데 나도 말이지. 시치미 씨에게 내가 원래 빌려 주었던 돈만 받는 게 좋을 것 같아. 그래야 좋은 이웃을 잃지 않을 것 같고, 내 마음도 편할 것 같거든."

"우와! 아저씨 되게 멋지다!"

주호가 소리쳤지.

"이게 다 너희들 덕이란다."

아저씨는 기분 좋게 집으로 돌아가셨어.

4 알수록 신기한 논리

"근데 제논, 아까 첫 번째 재판이 끝나고 네가 한 말 말이야."

"응? 무슨 말?"

"그, 삼단……."

"아! 삼단논법?"

"응, 맞아. 그거! 그게 뭐야?"

나는 궁금했던 것을 물어봤어.

"응. 먼저 논법은 논리적으로 생각하고 말하는 방법을 말해."

"어? 그럼 논리에도 한 가지 방법만 있는 게 아니구나?"

"그럼! 논리적으로 자신의 이야기나 생각을 이끌어 가는 데는 여러 가지 방법이 있어. 아까 너희들이 보았던 두 개의 재판에서도 서로 범인을 밝혀내는 데 서로 다른 방법이 사용되었는걸! 그 중에서 첫 번째 재판에서 쓰였던 삼단논법에 대해서 알려면 먼저 논증에 대해서 알아야 해."

"논증? 그건 저번에 제논 형아가 말해 줬잖아."

주호도 이제는 제논에게 형이라고 부르며 대들지 않을 생각인 것 같았어.

"맞아. 내가 퀴즈를 내줄 때 이야기했었지. 너희들이 생각하는 답을 논리적으로 증명해 보라고 말이야. 논리적이라는 것은 다른 사람이 인정할 만한 근거를 가지고 앞뒤가 맞게끔 생각하거나 이야기하는 것이라고 했지. 그러니까 논증은 그러한 논리적 과정을 통해 자신의 주장이 옳다는 것을 증명해 내는 것을 말하는 것이겠지?"

"아, 그렇구나. 논증, 논증, 논증……. 논리적으로 증명해 내는 일! 근데 재판에서도 논증이 쓰여?"

나는 제논에게 배운 것을 까먹지 않기 위해 중얼거려 보았어.

"당연하지! 원래 논증은 재판과 정치에서 가장 먼저 쓰였는걸!"

"우와! 정말?"

나는 처음 들은 사실이 신기하고 놀라웠어.

"범인이 누구인지 알아내거나 정확한 사건의 내용을 추리하기 위해서는 논리적인 생각으로 그 내용을 증명해 내야만 공정한 재판이 될 수 있어. 그리고 정치는 나라를 다스리는 일이니까 정치인들은 많은 사람들에게 자신의 생각을 인정받을 필요가 있겠지? 무턱대고 자신의 생각이 옳다고 할 수는 없잖아. 그래서 자신의 주장이 옳다는 것을 논리적으로 증명하는 논증이 필요했던 거야!"

"우와! 논리는 정말 우리 생활에 꼭 필요한 것이구나."

"영준이 네 말이 맞아. 그런데 논증은 그 방법에 따라 '직접논증'과 '간접논증'이 있어."

"둘이 뭐가 다른데?"

"직접논증은 자신이 가정한 사실을 추리의 과정을 통해 바로 결론으로 얻는 논증 방법을 말해. 예를 들어, 지난 재판에서 보았던 건데 그 사건에서는 어떤 사람이 증인으로 나왔어."

"어? 또 재판이네? 재미있는 재판 이야기!"

주호는 재판 이야기를 무척이나 재미있어 했어.

"응. 잘 들어봐. 그 증인은 범인으로 어떤 남자를 지목하고 있었어. 자신은 사건이 일어난 날 밤 11시쯤에 달빛에 비친 범인의 얼굴을 사건 장소에서 또렷이 보았다는 거야. 증인의 말로는 그날은 달빛이 매우 밝았대."

"응. 그랬는데?"

주호와 나는 마치 만화영화라도 보는 것처럼 제논의 다음 이야기를 기다렸어.

"그런데 증인의 이야기는 촌장에 의해서 거짓말인 것으로 밝혀졌어."

"정말? 어떻게? 촌장 아저씨도 그 장소에 있었나?"

"아니. 촌장님은 사건이 일어난 때가 음력으로 아흐렛 날 밤 11시라는 사실을 알고 있었거든."

"그런데?"

"그 시각에는 이미 달이 지고 난 후이기 때문에 증인이 범인의 얼굴을 볼 수 없다는 것이지."

"아, 그럼 달빛에 비친 범인의 얼굴을 똑똑히 보았다는 증인의 말이 거짓으로 밝혀지는 거네?"

"이러한 것이 바로 직접논증이야. 참인 근거를 통해서 자신의 주장이 참이라는 것을 밝혀내는 거지. 음력으로 아흐렛 날에는 달이 일찍 진다는 것은 참이잖아. 그 참인 근거를 통해 '증인이 거짓말을 하고 있다' 라는 촌장님의 주장도 참으로 밝혀지는 것이지."

"아! 참인 근거를 통해 자신의 주장을 참인 것으로 밝힌다! 참에서 참으로, 참에서 참으로……. 참참참! 참참참! 히히!"

주호도 중얼거리며 직접논증에 대해 재미있게 공부하고 있었어.

"그럼 간접논증은 그와 반대겠네?"

"그렇다고 할 수 있지. 간접논증은 참인 근거에서 주장이 참이라는 것을 밝힌다기보다는 좀 색다른 과정으로 결과를 이끌어 간다고 할 수 있어. 너희들 저번에 두 여자가 식물인간이 된 한 아저씨를 두고 싸우던 일 기억하지?"

"그럼! 그때 제논 형아가 되게 멋있게 진짜 집주인을 밝혀냈잖아. 아니, 가짜 집주인을 밝혀낸 거지! 그러다 보니 자연스럽게 진짜 집주인이 밝혀진 것이고!"

"바로 그러한 것을 간접논증이라고 하는 거야. 우리가 좀 전에 보았던 두 가지 재판 역시 마찬가지이고."

"우리가 방금 보았던 재판도?"

"영준이 네가 간접논증을 이용해서 재판을 해결했잖아."

"아, 아……. 그랬지."

휴우, 갑자기 제논이 나를 똑바로 쳐다보며 묻는 바람에 깜짝 놀라고 말았지 뭐야.

"먼저 첫 번째 재판을 살펴보면 말이지. 그건 간접논증 중에서도 선언삼단논법에 속해. 선언삼단논법을 사용하려면 우선 모든 가능한 경우를 선언해야 해. 우리가 보았던 재판으로 따지자면 그 청년이 만약 그날 빵을 먹었다면 그것은 맛나빵집이나 달콤빵집의 빵일 것이라는 사실이 선언 내용이라고 할 수 있겠지? 그런데 사건이 일어난 날 두 군데의 빵집은 모두 문을 열지 않았어."

"아, 그러니까 청년은 그날 맛나빵집에서도 빵을 사지 못했고, 달콤빵집에서도 빵을 사지 못했으므로 빵을 먹지 않았다는 결론이 나오게 되는구나!"

"그렇지. 역시 영준이는 간접논증에 대해 알고 있었구나?"

"어? 어, 알지……."

역시 사람은 거짓말을 하면 안 되나 봐. 아까 재판에서 그냥 둘러댔던 말을 가지고 괜히 논증에 대해 알고 있는 것처럼 잘난 체했다가 이게 뭐람.

"제논 형아. 그러니까 아까처럼 참인 근거를 통해 자신의 주장을 참으로 이끄는 것이 직접논증이라면 간접논증은 이것, 저것, 그것이라는 세 가지 가능한 상황에서 이것, 저것이 모두 아니기 때문에 결국 그것이 참이라는 것을 밝히는 것이구나?"

"오! 주호도 이제 논리에 대해 아주 잘 아는구나. 맞아. 직접논증과는 좀 다르지? 그리고 영준이가 훌륭하게 해결해 낸 두 번째 재판 역시 간접논증을 사용했다고 할 수 있어. 그렇지 영준아?"

"응? 응. 그렇다고 할 수 있지……."

나는 제논이 나에게 두 번째 재판에서 사용된 간접논증에 대해 설명해 보라고 시킬까 봐 가슴이 콩닥콩닥 뛰었어. 다행히도 제논은 친절하게 설명해 주었어.

"거기서 사용된 논증법은 간접논증법 중에서도 귀류법이라고 해. 자신이 내세우려는 주장의 부정을 다시 부정함으로써 자신의 주장이 참이라는 것을 증명해 내는……."

"생각났어!"

주호가 갑자기 소리쳤어.

"우리가 예전에 피타고라스의 '세상에 존재하는 것은 변화한다' 라는 주장에서 모순을 발견해서 '세상에 존재하는 것은 변하지 않는다' 라는 결론을 내렸잖아. 그것도 귀류법이 아닐까? 일단 내 주장에 대한 부정을 먼저 내세운 다음에 거기에서 모순을 찾아내고 내 주장이 참이라는 것을 밝혀냈잖아!"

"그렇지! 예전에 두 여자의 싸움에서도 역시 진짜 아내를 찾아내기 위해 먼저 거짓말을 하고 있는 사람을 찾아냈잖아. 거짓이 거짓임을 알아내어 참을 밝혀내는 것! 부정에서 모순을 찾아내어 참을 밝혀내는 것! 그게 바로 귀류법이라고 할 수 있지."

"우와! 우리가 이곳에 오게 된 이후로 우리도 모르는 사이에 논리를 배우고 있었구나!"

"맞아, 영준아. 논리라는 것은 어렵게 생각할 필요가 없어. 앞뒤가 맞게끔 생각하는 것, 조리 있게 이야기를 풀어 가는 것, 그것들이 모두 논리인걸."

"논리가 이렇게 쉽고 재미있는 것인 줄 몰랐어!"

주호와 나는 처음으로 접하는 논리 공부에 신이 났어. 재미있는 논리!

삼단논법 요약정리

제논보다 100년 정도 후대 사람인 아리스토텔레스에 의해 이룩된 삼단논법은 'M은 P이다(대전제)', 'S는 M이다(소전제)', 그러므로 'S는 P이다(결론)'의 방식으로 결론을 이끌어 냅니다. 이것은 추리의 가장 기본이 됩니다. 이에 대한 세부적인 설명에 삼단논법이라는 것이 과연 논리학의 체계 안에서 어떻게 분류되는지를 확인해 보겠습니다. 삼단논법이란 추리의 한 형태이며, 전제가 2개 이상인 간접추리입니다. 그중에서도 일반적인 사실로부터 구체적인 결론에 이르는 연역적 간접추리이며, 특히 전제가 딱 2개인 형태로 볼 수 있습니다.

이런 삼단논법은 전통적 형식논리학에서 반드시 배워야 할 내용이므로 조금 더 상세하게 알아 둘 필요가 있습니다. 아리스토텔레스가 이론적 기초를 이룬 이 간접추리 방법은 2개의 전제와 1개의 결론으로 구성됩니다. 그 전제의 성격에 따라 (1) 정언삼단논법(定言三段論法), (2) 가언삼단논법(假言三段論法), (3) 선언삼단논법(選言三段論法)으로 구분되며, 이중에서 가장 중요한 것이 정언삼단논법입니다. 그래서 일반적으로 삼단논법이라고 하면 그것은 보통 정언삼단논법을 의미합니다.

정언삼단논법은 다음과 같은 논법입니다.

"인간은 모두 죽는다."(대전제)
"소크라테스는 인간이다."(소전제)
"따라서 소크라테스는 죽는다."(결론)

여기서 결론은 소크라테스와 죽음의 관계를 말하며 대전제는 인간과 죽음의 관계, 소전제는 소크라테스와 인간의 관계를 말합니다. 즉, 하나의 전제가 다른 하나의 전제와 포함관계를 밝히고 있습니다. 이것이 가장 전형적인 추리법으로, 정언삼단논법이라고 합니다.

가언삼단논법은 '만일 A라면 B이다', 'A이다', '그러므로 B이다'라는 형식을 취하는 논법입니다. 하나의 전제가 '만일 ~라면'이라는 형식의 가정문으로 되어 있습니다.

선언삼단논법은 'A 또는 B 또는 C이다', 'A도 B도 아니다', '그러므로 C이다'라는 형식을 취하는 논법입니다. 하나의 전제에는 모든 가능한 상태가 선언되어 있는 것이 특징입니다. 그러나 가언삼단논법과 선언삼단논법은 결국 정언삼단논법에 귀착된다는 것이 전통논

리학의 입장입니다.

논리에서 가장 간단한 기초가 되는 삼단논법만 해도 이처럼 꽤 복잡해 보입니다. 하지만 삼단논법이란 전제가 딱 2개인 연역적 간접추리임을 알고, 앞에서 살펴본 3가지 삼단논법을 분별할 수 있을 정도의 이해만 해도 지금으로서는 충분할 것입니다. 본문의 첫 번째 재판에서 무죄 주장은 선언삼단논법을 사용한 예이고, 두 번째 재판에서 범인 확정은 귀류법과 혼합된 가언삼단논법을 활용한 예라고 할 수 있습니다.

4

다르게 생각하기

인생의 목표는 자연에 따라서 사는 것이다.

-제논

1 걱정쟁이 할머니

제논은 그날 이후로 엘레아에서 유명 인사가 되었어. 제논이 거리를 지나갈 때면 사람들은 제논을 보며 속닥거렸어.

"저 아이가 바로 제논이에요. 엊그제 여기서 재판이 열렸었는데 글쎄 저 아이가……."

"저기 제논을 쫓아다니는 애들은 누구지? 옷차림도 저게 뭐람."

"아마도 제논의 영리함을 배우고 싶어서 쫓아다니는 애들이 아닐까요? 쉽게 말하면 졸개 정도겠지요, 뭐. 히히!"

'흥! 사람들이 우리를 보고 제논의 졸개라고 놀리면 어때! 제논을 쫓아다니며 배우는 것이 얼마나 많은데! 그리고 제논이라면 금세 우리 집 컴퓨터에서 일어난 문제를 해결해 줄 수 있을 테고, 그러면……. 참, 그러면 우리는 제논과 헤어지게 되는구나.'

나는 언젠가 제논과 헤어져야 한다는 사실이 슬펐지만 그래도 제논을 쫓아다니며 논리를 직접 몸으로 배우는 일은 즐겁기만 했어. 그렇게 제논과 나와 주호는 엘레아에서 유명한 삼총사가 되어 거리를 누볐지. 사람들은 제논을 집으로 초대하지 못해 안달이었고, 우리 삼총사는 문제를 가진 사람들의 집에 묵으며 그 문제를 해결하기 위해 노력했어. 토론을 하며 밤을 지새우곤 했지. 물론 그렇게 밤새 이야기를 나누다 보면 생각지도 못한 해결책이 나오곤 했어.

제논은 우리에게 가장 중요한 것은 생각을 이끌어내는 과정이라고 늘 말했어. 그리고 그 과정에서는 흠이 발견되면 안 된다고 했지. 그래야만 결론도 참이 될 수 있으니까.

그렇게 제논과 함께 재미있는 논리에 대해 배워 가던 어느 날, 우리는 어느 할머니의 집에 묵게 되었어. 동네 사람들이 제논에게 특별히 부탁을 했거든. 건넛마을에 걱정이 매우 많은 할머니가 계시는데 아무도 그 걱정거리를 해결해 드리지 못하고 있다고 말이야. 과연 아무도 해결하지 못한 문제가 무엇일까? 호기심 많은 우리 삼총사는 당장 할머니의 집을 찾아갔지.

우리가 방문했을 때 할머니는 머리에 띠를 두르고 누워 계셨어. 걱정이 너무 많아서 병이 생긴 거야.

"아이고, 머리야. 아이고, 나 죽네."

"할머니. 어디 편찮으세요?"

"아이고, 근심이 많으니 몸이 남아날 리가 있나."

"웬 걱정이 그렇게 많으세요? 말씀해보세요."

"말해도 아무 소용없어. 마을 사람 중 아무도 내 걱정을 덜어주지 못했어."

"할머니, 그래도 말씀해 보세요. 저와 제 친구들이 해결해 드릴 수 있을지도 모르잖아요."

제논은 할머니를 설득했어.

"늙으면 죽어야지. 그나저나 눈이나 편히 감고 죽을 수 있으려나 몰라. 휴우, 녀석들 중 한 놈이 일을 그만두면 모를까. 아냐 아냐. 그러면 또 그 놈 밥줄은 누가 책임지고……. 아이고, 나 죽네."

"일이요? 누가 무슨 일을 하는데요?"

"이 녀석들 귀찮게도 하는구나. 그러니까 그게 말이지."

할머니는 이야기를 시작했어.

"글쎄 나한테는 두 명의 아들이 있어. 첫째 놈은 얼음 장사를 해."

"얼음이요?"

주호가 놀랍다는 듯이 물었어.

"그래."

할머니는 우리를 이상한 눈으로 쳐다봤어.

"암튼 첫째 아들은 얼음 장수고, 또 둘째 아들은 우산 장수야."

"할머니도 참, 그럼 무슨 걱정이세요. 두 아들 모두 번듯한 직장을 가지고 있는데!"

제논이 할머니를 위로했지.

"뭘 몰라도 너무 모르는구먼. 생각해봐. 나는 비가 와도 속이 새까맣게 타 들어가고 햇볕이 쨍쨍 나도 속이 시커멓게 타 들어간다고! 걱정 없이 지낼 날이 없어. 아주……."

할머니께서는 걱정이 가득한 표정으로 창밖 하늘을 올려다보셨어. 햇볕이 내리쬐는 날씨였지.

"오늘은 또 둘째 아들이 공을 치겠구먼. 휴우, 불쌍한 것."

"공을요? 축구? 야구? 뻥~! 골인! 홈런!"

주호는 오랜만에 아는 단어가 나왔다 싶었는지 신이 났어. 발로 공을 걷어차는 흉내를 내질 않나, 그것도 모자라 엉덩이를 실룩거리며 야구 방망이로 공을 쳐내는 흉내를 내지 않나……. 하여튼 못 말린다니까.

"장사를 하러 나가서 공을 친다는 것은 물건을 하나도 못 판다는 소리야."

주호의 우스꽝스러운 행동을 지켜보던 제논이 친절하게 설명해 줬어.

“날이 이렇게 맑으니 우산이 팔리겠어? 줄줄이 딸린 자식들 먹여 키우려면 장사가 잘 되어야 하는데 날씨가 이렇게 좋으니, 원…….”

그런데 갑자기 먹구름이 밀려오더니 번개가 치기 시작했어. 소나기가 내리려나 봐.

“우르르 쾅쾅!!”

“어? 이제 할머니 좋으시겠어요? 이제 비가 오면 우산이 잘 팔릴 거 아니에요?”

주호는 할머니의 걱정이 덜어질 것이라는 생각에 기뻐했어.

“아이고, 비가 오네! 이런 이런…….”

그런데 할머니께서는 웬일인지 기분이 좋아지기는커녕 더 근심어린 표정을 지으시는 거야.

“할머니, 왜 또 그러세요. 이제 둘째 아들의 우산이 아주 잘 팔릴 텐데요. 그럼 아이들도 무럭무럭…….”

나도 할머니를 위로하려 했지. 그런데 할머니는 그런 나를 한심하다는 듯 바라보시는 게 아니겠어?

“하나는 알고 둘은 모르는구먼! 비가 오면 얼음을 파는 첫째 아들은 어떻겠어?"

"……."

우리는 이러나저러나 걱정뿐이신 할머니 앞에서 할 말을 잃었어.

"첫째 아들네는 빚이 많아. 예전에 지중해에서 배로 물건을 수출입하는 무역업을 크게 벌렸다가 쫄딱 망했거든. 그리스 사람 너도 나도 하니까 덤벼들었던 거지 뭐. 그때 생긴 빚을 얼른 갚으려면 얼음이 잘 팔려야 할 텐데 이렇게 비가 오면 어쩌자는 건지……, 쯧쯧."

할 말을 잃은 우리는 밖으로 나왔어. 걱정뿐이신 할머니께 아무런 도움도 드릴 수 없으니까. 그렇다고 햇볕이 쨍쨍하면서 비가 내리는, 그런 날씨를 만들어 드릴 수는 없잖아.

2 조금만 다르게 생각해 보아요

"어떻게 하면 할머니의 걱정을 덜어 드릴 수 있을까?"

주호가 물었어.

"그러게 말이야. 날씨가 어떻든 간에 온통 걱정뿐이시니…….
비가 오나 햇볕이 드나 할머니의 마음이 기쁠 수는 없을까?"

"그래 영준아. 바로 그거야!"

제논은 무엇이 생각난 듯 할머니가 계신 방으로 뛰어 들어갔어.
물론 나와 주호도 한걸음에 쫓아갔지.

"할머니! 바로 그거예요!"

"너희들 아직도 안 갔니? 에고. 날이 또 그새 맑아졌구나. 우리 둘째 아들네 그 어린 것들을 우야면 좋을꼬. 우산이 잘 팔려야 우유랑 빵이라도 사갖고 들어갈 텐데……, 휴우."

"할머니 그렇게 생각하실 것 없어요."

"때기 이놈! 그렇게 생각할 것이 없다니! 네가 자식 놈들을 키워 보았느냐? 너희들은 내 마음 모른다, 몰라."

할머니는 제논을 향해 호통을 치셨어. 그리고 다시 하늘을 올려다보곤 한숨만 내쉬고 계셨어.

"그러니까요. 할머니, 반대로 생각해 보세요. 지금처럼 날씨가 좋을 때는 우산 장수인 둘째 아들을 걱정하지 마시고, 얼음 장수인 첫째 아들을 생각하시란 말이에요."

"첫째 아들?"

할머니는 갑자기 표정이 밝아지셨어.

"오라! 이렇게 날씨가 좋으니 첫째 아들 놈의 얼음이 아주 잘 팔리겠구먼 그려! 그럼 얼른 그 돈으로 빚을 갚을 수 있겠다!"

그때 또 먹구름이 밀려오기 시작했어.

"그런데 또 이렇게 먹구름이 밀려와 비가 내리면 우리 첫째 아들

놈은……, 휴우."

할머니는 기쁨도 잠시 또 걱정을 하기 시작했어.

"할머니도 참! 그러면 또 둘째 아들을 생각해 보세요."

제논의 말에 할머니는 다시 표정이 밝아지셨어.

"아이쿠! 이렇게 날이 어둑어둑해지다가 비가 오면 우리 둘째 아들 놈 우산이 아주 잘 팔리겠네. 그래서 얼른 자식들 우유도 사 먹이고, 글도 가르치고 하지. 암!"

할머니는 열심히 물건을 팔고 있을 아들들 생각에 흐뭇한 미소를 지으셨지.

"보세요. 할머니. 조금만 다르게 생각하시면 저절로 걱정이 없어지고 기쁜 마음이 생기잖아요."

"아이고, 내가 병이 다 낫는구먼! 괜한 걱정을 했어. 이렇게 쉽게 해결될 것을 말이야! 고맙네, 고마워!"

할머니는 우리의 손을 꼭 붙잡으시며 처음으로 매우 기쁜 표정을 지으셨어. 우리는 그렇게 할머니의 걱정거리를 해결해 드리고 다시 거리로 나섰어.

"형아들, 우리 저기 나무 밑에 앉아서 잠시 쉬자. 그늘이 참 좋아 보인다. 역시 서울하고는 달라. 공기도 맑고. 흐음!"

이곳에 도착해서 내내 투덜거리던 주호도 어느새 엘레아 사람이 다 된 것 같았어. 히히! 우리는 그렇게 울창한 올리브 나무 그늘에 편히 쉬고 있었어.

"근데 서울이라니? 거기는 어디니?"

제논은 그때까지도 우리가 미래에서 왔다는 사실을 믿지 못하고 있었나 봐.

"제논. 우리가 예전에 너를 처음 만났을 때 했던 말 기억하니?"

"응? 음…… 그땐 너희들이 하도 횡설수설 이상한 말을 늘어놔서……."

"제논 네가 듣기에는 정말 믿을 수 없는 이야기들일 거야. 우리도 처음에

는 이 상황이 믿기지 않았으니까. 하지만 우리는 정말로 컴퓨터에서 일어난 문제 때문에 서기 2006년에서 지금 이곳으로 오게 되었어."

"서기 2006년? 그러면 지금으로부터 2천하고도 몇 백 년이나 지난 시대에서?"

제논은 손가락으로 시간을 계산해 보더니 깜짝 놀란 표정을 지었어. 나와 주호는 최선을 다해서 제논에게 우리의 상황을 설명했지. 제논은 그게 정말이냐며 매우 놀란 표정을 지었지만 우리의 말을 믿어 주었어. 그리고 함께 문제를 해결해 보자며 우리를 격려해 주었지. 잠시 침울해진 분위기에서 주호가 무언가 생각난 듯 물었어.

"참! 그런데 제논 형아. 아까 그 걱정쟁이 할머니의 문제는 어떻게 해결해 드릴 수 있었던 거야? 어떻게 그런 생각이 떠올랐어?"

주호는 내내 그게 궁금했었나 봐.

"어? 아, 그 할머니는 바로 딜레마의 오류에 빠져 있었거든."

제논은 다시 활기를 띠었지.

"딜레마? 오류?"

"응. 딜레마의 오류!"

"오류, 오류……. 어디서 많이 들어본 말 같은데……."

주호가 뭔가 곰곰이 생각하는 듯하더니……, 갑자기 소리치는 거야.

"논리적 오류!"

"그렇지! 주호야, 우리가 바로 그 오류 때문에 이곳에 오게 된 거였잖아. 제논, 오류가 뭐야? 빨리 가르쳐 줘. 응?"

나는 제논을 재촉했어.

"알겠어, 들어봐. 주장을 참으로 증명해내는 과정에는 흠이 없어야 한다고 했던 내 말, 기억하니?"

"응! 기억 나."

"바로 그 '흠'을 논리에서는 '오류'라고 부르는 거야. 간단하게 말하자면 잘못된 생각이라고 할 수 있지."

"어? 앞뒤의 말이 맞게끔 생각하고 이야기하는 것이 논리이고, 논리적으로 자신의 주장이 참이라는 것을 증명해 내는 것이 논증인데, 그 과정에서 잘못된 생각이 들어가면 훌륭한 논증이 이루어질 수 없는 거 아냐?"

"맞아. 그래서 우리는 항상 논리에서 일어나는 오류를 조심해야 하는 거야. 그럼 먼저 훌륭한 논증은 어떤 것인지 이야기해 볼까?"

"음……, 제논 형이 먼저 말해 봐. 헤헤!"

"먼저 전제가 참이거나 모두가 인정할 수 있는 것이어야 하지 않을까?"

"전제?"

"응, 전제. 논증이란 몇 가지 문장들이 사실이라는 것을 먼저 인정한 다음에 또 하나의 성립된 문장을 밝혀내는 과정을 말하잖아. 예를 들어 볼게. 우리가 예전에 보았던 살인 사건 재판에서 범인으로 지목된 청년을 생각해 봐. 그 청년은 자신이 그날 빵을 먹지 않았다는 것을 증명해 내기 위해 먼저 자신은 평생 두 군데 빵집에서만 빵을 먹었고 사건이 일어난 날에는 그 두 군데 모두 문을 열지 않았다는 사실을 말했어. 그래서 사람들로 하여금 청년이 결백하다는 사실을 인정하게끔 했잖아. 우리도 그 사실을 인정했고. 그렇지?"

"응. 그랬지. 그날 빵을 먹지 않았다는 자신의 주장을 참으로 밝혀내기 위해서!"

나는 그 재판 내용을 곰곰이 생각해 보며 말했어.

"그래! 그걸 바로 전제라고 하는 거야."

"제논! 그럼 전제란 결론을 이끌어 내기 위해 사용되는 문장이라고 할 수 있겠구나?"

"그렇지!"

"그럼 제논 형아 말대로 정말 훌륭한 논증을 하기 위해서는 전제가 참이면서 모두가 그것을 인정할 수 있어야겠다. 그지?"

"응. 그래서 나는 훌륭한 논증이 되기 위한 첫 번째 조건을 이렇게 생각한 거야. 이번에는 영준이가 말해 봐. 너는 어떻게 생각해?"

"나는 말이지, 음……."

"형아도 참, 뜸들이기는. 근데 이렇게 서로 이야기를 나누면서 논리에 대해 공부하니까 지루하지도 않고 너무 재미있다. 그지? 히히!"

공부라면 질색을 하는 주호가 웬일로 너무 신이 나 했어.

"생각났다! 나는 말이지, 제논의 말에서 힌트를 얻었는데, 그 전제가 참이더라도 결론하고 상관없는 거면 안 되잖아."

"그러며~언 쌩뚱 맞죠?"

"하하하!"

주호의 개그에 우리는 신나게 웃었어. 제논은 무슨 말인지 모르는 것 같았지만 우리는 마냥 즐거웠어.

"그러니까 엉뚱한 논증이 되지 않기 위해서는 전제와 결론이 매끄럽게 이어져야 해. 결론이 참이라고 밝히는 일은 전제로부터 시작되는 것인데 결론하고 상관도 없는 엉뚱한 전제에서 어떻게 옳은 결론이 나올 수 있겠어?

"예를 들어 영준이 네가 키가 크다는 것을 논리적으로 증명하기 위해서 주호의 키가 작다는 것을 전제로 삼으면 안 된다, 이거지?"

"제논 형! 우이씨, 지금 나 키 작다고 놀리는 거야? 형아는 나보다 더 작으면서!"

"너도 작긴 작아, 김주호. 하하! 제논의 말이 맞아. 주호의 키가 작다는 전제는 참이기는 한데 거기에서 내가 키가 크다는 결론을 이끌어 낼 수는 없잖아. 내가 키가 크다는 것을 증명하려면 우리 부모님이 두 분 다 모두 키가 크다던가, 내가 어렸을 적부터 우유를 많이 먹었다던가 하는 전제를 내세워야 훌륭한 논증이 되지. 자! 이제 키 작은 주호가 말할 차례네? 근데 얘는 누굴 닮아서 이렇게 키가 작은지 몰라. 히히!"

"하하하! 너희 부모님도 모두 키가 크신 모양이구나?"

"우이씨, 자꾸 그렇게 놀리면 나 말 안한다?"

"키도 조그마한 게 속도 좁대요. 얼레리 꼴레리!"

제논과 내가 자꾸 놀리자 주호는 울상이 되었어.

"아냐, 주호야. 형이 놀려서 미안해. 어서 말해 봐."

제논이 주호를 달래 주었어. 나는 그때 우리가 엘레아에 처음 왔던 날을 생각해 봤어. 당돌하고 차가워 보이던 제논. 그런 제논이 이렇게 따뜻한 마음을 가지고 있는 줄 상상이나 했겠어?

"내가 형아들보다 더 멋있는 조건을 말해 주겠어. 훌륭한 논증이 되기 위한 그 세 번째 조건은 말이지……, 기대하시라. 둥둥둥둥! 바로 논증에 사용되는 전제는 결론이 옳다는 것을 보장해 줄 수 있는 충분한 근거를 제공해야 한다는 거지!"

"충분한 근거?"

"응. 충분한 근거! 형아들이 말한 대로 논증에서 전제가 참이 되고 결론과 연관성도 있는데, 그게 결정적인 근거가 되어 주지 못하면 말짱 꽝이잖아."

"정말 그렇구나! 전제가 전제 역할을 제대로 해내려면 그 내용이 참이면서 결론과 연관이 있어야 하고, 결정적으로 결론을 참이라고 믿을 수 있는 충분한 근거를 제공해야겠네."

"그러고 보니 훌륭한 논증이 되기 위한 조건은 모두 전제가 갖추어야할 조건과 관련이 있네?"

주호는 무언가 발견이라도 한 듯 기뻐하며 말했어.

"정말 그러네! 그만큼 올바른 결론을 이끌어 내기 위해서는 전제를 선택하는 것에 신중해야 된다는 것이겠지. 영준과 주호 너희들이 나에게 논리를 가르쳐 달라고 쫓아다닌 것이 엊그제 같은데 이제는 오히려 내가 너희들을 통해서 많은 것을 배우는 것 같아."

"형아도 참. 우리가 형아를 통해서 논리를 배웠으니까 이런 이야기도 할 수 있는 거지."

"맞아, 제논. 우리는 정말 논리의 '논' 자도 모르는 아이들이었다고!"

나와 주호는 제논의 칭찬이 부끄러워 머리를 긁적이며 말했어.

"하하! 아무튼 서로가 서로에게 도움이 되니 참 좋다. 훌륭한 논증이 무엇인지 알아봤으니 이제 그 훌륭한 논증을 방해하는 논리적 오류에 대해 알아볼까?"

"응! 좋아!"

오류에 대해 알아보자는 말에 주호와 나는 마냥 신이 났지. 제논과의 이별이 가까워 오고 있다는 사실도 모른 채 말이야.

3 오류는 말이지

"제논! 네가 아까 오류란 논증 과정에서 발견되는 흠과 같은 것이라고 했잖아."

"응, 맞아! 오류들은 대부분 언뜻 보기에는 그럴 듯해 보이면서도 논리적으로는 타당하지 못한 경우가 많아. 논리와 오류에 대해 안다는 것은 나의 주장을 펼치는 데 있어서도 매우 큰 힘이 되지만, 반대로 다른 사람의 이야기를 들을 때 그게 옳은 주장인지 아닌지를 구별하는 데에도 큰 도움을 주지."

"제논 형아, 그럼 논리랑 오류에 대해 열심히 공부하면 어떤 친구들이랑 말싸움을 해도 이길 수 있겠다. 그지? 히히!"

"하여튼 너는 생각하는 것하고는!"

나는 유치한 생각만 골라서 하는 주호를 구박했지.

"하하! 주호 말이 틀린 것은 아니야. 물론 말싸움에서 이기기 위해 논리를 배우는 것은 아니지만, 논리와 오류에 대해 모른다면 억울한 일을 당해도 자신의 이야기를 제대로 전달하지 못할 수도 있으니까."

"형아. 말싸움하니까 갑자기 생각난 건데……."

주호는 제논에게 묻기 시작했어.

"우리 반에 어떤 싸움 잘하는 애가 있거든. 근데 걔가 만날 다른 친구들한테 대신 숙제를 해달라면서 자기 말을 안 들으면 맞을 줄 알라는 거야. 참 나쁘지? 그 친구의 주장이 분명 틀린 건 알겠는데, 대체 어느 부분이 어떻게 틀린 거지?"

"너희 반에 그런 애가 있었단 말이야? 이런! 내가 가서 혼내 줘야겠다!"

"영준아, 흥분하지 마. 그 친구의 주장 속에 어떤 오류가 있는지 알아내서 주호가 요목조목 논리적으로 따져 주면 그 친구도 다시는 그러지 못할 거야."

"맞아! 제논 형아. 얼른 가르쳐 줘."

"주호야, 그건 힘에 호소하는 오류라고 해. 이야기를 듣는 상대방에서 힘을 가하여 주장을 받아들이도록 할 때 범하게 되는 오류야."

"아, 그렇구나! 힘에 호소하는 오류. 야! 너는 지금 힘에 호소하는 오류를 범하고 있는 거야. 히히! 이렇게 말하면 꼼짝도 못하겠지?"

주호는 나쁜 친구를 혼내 주는 시늉을 하며 좋아했어.

"제논 형! 그리고 만약에 영준이 형이 시장에서 빵을 훔치다가 걸렸는데 '저는 배가 고파서 어쩔 수가 없었어요. 이틀 동안 아무것도 먹지 못하다가 이 빵을 보게 되었는데 제 마음이 어땠겠어요?' 라고 말한다면 그때는 무슨 오류를 범했다고 말할 수 있을까?"

"하하! 설마 영준이가 그런 오류를 범할까! 근데 그건 동정에 호소하는 오류의 좋은 예야. 큭큭."

"제논, 너까지! 난 정말 그런 적 없다!"

나는 제논을 흘겨보며 말했어.

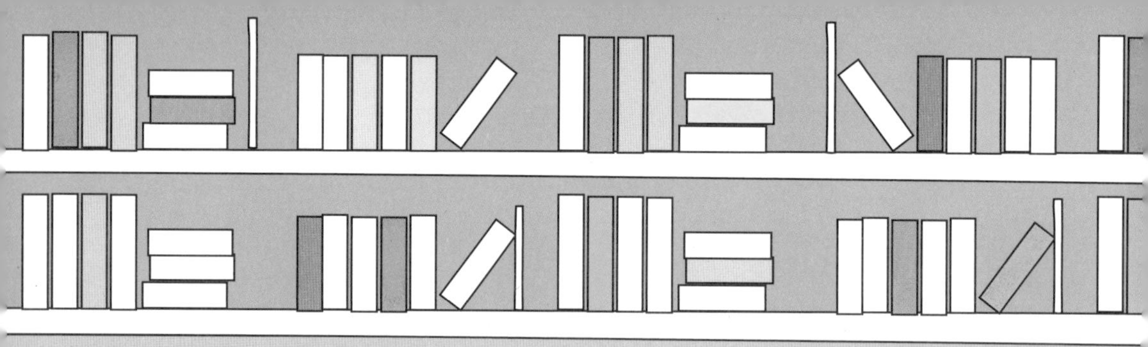

"화내지 마, 화내지 마. 나는 그저 오류에 대해 너희들에게 설명하려는 것뿐이야. 히히! 그지 주호야?"

"큭큭. 제논 형 말이 맞아. 그런 걸 가지고 동정에 호소한 오류라고 하는 것이구나."

"응. 동정에 호소하는 오류는 상대방에게 불쌍한 마음을 느끼게 해서 자신의 주장을 옳은 것으로 받아들이게 하는 오류야. 그것 말고 또 어떤 오류가 있을까?"

"있잖아, 제논."

"응?"

나는 이때다 싶어서 주호에게 당한 것을 돌려주려고 했지.

"전체가 가지는 성질을 부분에도 적용시키는 것도 오류라고 할 수 있지 않을까? 예를 들어서 우리 삼총사는 똑똑하잖아. 그러므로 주호도 똑똑하다. 이렇게 결론을 내리는 것도 오류라고 할 수 있겠지? 큭큭"

"우씨! 형!"

주호는 화가 난 표정으로 나를 노려보았어.

'아이, 고소해.'

"하하! 이번에는 영준이가 주호를 한 방 먹이네? 하하! 맞아. 그런 건 언어적 오류 가운데에서도 분해의 오류라고 할 수 있어. 그와 반대의 뜻을 가진 결합의 오류도 있지."

"아, 분해의 오류는 집단의 성질을 각 부분에도 적용시킨 것이니까, 결합의 오류는 반대로 각 부분의 성질을 집단에도 적용시킨 것이겠구나?"

"영준이 말이 맞아. 그 예로는 뭐가 있을까, 주호야?"

"음, 모래알 하나는 가볍잖아."

"그렇지."

"그러므로 모래 한 트럭도 가볍다고 생각한다면 그게 바로 결합의 오류의 좋은 예라고 할 수 있지 않을까?"

"아! 그렇구나. 소금이 짜다고 해서 소금이 들어간 음식이 모두 짠 건 아니니까. 그렇지 제논?"

"우와! 너희들 정말 하나를 가르쳐 주면 열을 아는구나."

제논은 쑥스럽게 또 우리를 칭찬했어. 우리는 그저 제논과 이야기를 나누면서 생각나는 것들을 편하게 나누었을 뿐인데 말이야.

"이건 내가 너희들을 통해 반성하게 된 건데 사람이 처해 있는 환경을 공격해서 그 사람의 주장을 무시하는 것도 오류라고 할 수 있지 않을까? 내가 처음에 너희들을 만났을 때, 사실 너희들의 옷차림이나 말투가 이상해서 너희들의 말을 믿지 않았거든."

제논은 몹시 미안한 표정으로 이야기를 했어.

"아이, 제논. 다 지난 일인 걸 뭐."

나는 제논에게 미안해 할 필요가 없다고 말했어.

"형아. 그렇다면 예를 들어 '부모 없이 자란 애들은 성격이 좋을 수가 없어' 라는 말이라든지 '저 사람은 예전에 감옥에 다녀온 적이 있대. 그러니까 저 사람의 말을 믿으면 안 돼' 라는 말 속에도 그러한 오류가 담긴 것이구나."

"맞아. 그걸 바로 환경을 공격하는 오류라고 하지!"

주호와 나는 오류에 대해 하나씩 배워갈 때마다 우리가 여태껏 잘못된 생각을 많이 가지고 있었다는 걸 깨닫게 되었어.

"참! 제논. 아까 네가 뭐라고 했더라? 딜, 딜……."

"응? 아, 딜레마?"

"맞다, 그거! 그건 무슨 오류야?"

"그것도 어렵지 않아. 아까 만났던 걱정쟁이 할머니를 생각하면 금방 알 수 있을 거야."

"걱정쟁이 할머니? 그 할머니는 조금만 다르게 생각하면 좋은 해결책이 나오는 문제를 걱정하는 것밖에는 아무런 방법이 없는 것처럼 생각했잖아."

"그래. 그걸 바로 딜레마의 오류라고 하는 거야. 어떠한 문제가 있을 때 그 해결 방법으로 여러 가지가 있을 수 있는데, 마치 자신이 생각하는 것 외에는 아무런 해결 방법이 없는 것처럼 보는 거지. 즉 다른 선택이 있음에도 불구하고 단지 바람직하지 않은 선택만을 생각하며 이러지도 저러지도 못하게 되는 거지."

"맞아 맞아. 아까 그 할머니 같은 경우에도 해가 뜨나 비가 오나 걱정할 수밖에 없다고 주장했잖아. 그것은 잘못된 생각이었어. 분명 다르게 생각할 수도 있었는데 말이야."

나는 다시 한 번 걱정쟁이 할머니를 떠올리며 말했어.

"그렇지. 그런 걸 바로 딜레마의 오류에 빠졌다고 말하는 거야."

4 갑자기 나타난 문

"참! 너희들도 오류 때문에 이곳으로 오게 되었다고 했지?"

"응, 맞아. 컴퓨터라는 기계에서 오류가 일어나서 이곳으로 오게 되었어. 지금쯤 우리 부모님께서는 얼마나 걱정하고 계실까?"

나는 집에 계신 부모님을 생각하니 마음이 울적해지고 말았어.

"그런데 왜 갑자기 오류가 일어난 거야?"

"글쎄 말이야. 주호와 나는 그저 이웃집 남매랑 컴퓨터게임을 했을 뿐이었어."

"컴퓨터게임?"

"아, 형아. 그건 말이지. 우리가 사는 미래에는 '컴퓨터' 라는 기계가 있어. 그 기계를 이용해서 멀리 떨어져 있는 사람들과 이야기도 할 수 있고 게임도 할 수 있지."

주호는 제논에게 컴퓨터에 대해 친절히 설명해 주었어.

"우와! 신기하다. 컴퓨터? 참 고마운 기계구나."

"응. 참 편리한 기계지. 그런데 그 컴퓨터 때문에 여러 가지 문제가 일어나기도 해. 주호와 나 같은 경우에는 컴퓨터게임을 너무 좋아해서 매일 부모님께 야단을 맞곤 했어."

나는 쑥스러워서 머리를 긁적이며 말했어.

"그런데 그걸로 게임을 하다가 왜 갑자기 시대가 이동되었을까? 게임을 한 것 말고 또 기억나는 건 없어?"

제논이 물었어.

"특별한 건 없었어. 이웃집 남매를 조금 약 올렸던 것밖에는……."

"뭐라고 약 올렸는데? 자세하게 말해 봐."

"음, 뭐라 그랬더라. 맞다. 사실 우리는 항상 게임할 때마다 이웃집 남매한테 지곤 했어. 그러던 애들이 우리한테 졌으니 매우 억울해했겠어. 그래서 우리가…….”

“아! 맞다! 이렇게 말했었지? 그때그때 달라요!”

주호는 개그맨 흉내를 내며 말했어. 내가 주호의 우스꽝스러운 모습을 보며 재미있어 하고 있을 때!

“아! 그렇지! 바로 그거야.”

제논이 입을 열었어.

“제논! 무슨 좋은 생각이라도 난 거야? 아니면 뭐가 문제였는지 알아낸 거야? 어서 말해 봐.”

“너희들 나와 함께 배웠던 논리에 대해서 잘 생각해 봐. 우리는 이미 답을 알아낸 것과 다름없어.”

“우리가 뭘 배웠더라…….”

주호와 나는 엘레아에서 있었던 일을 하나하나 떠올려 보았어. 주호가 먼 하늘을 바라보며 중얼거리듯 말했지.

“크세 아저씨와 파르 아저씨도 만났었고 피타고라스에 대한 이야기도 들었었고, 퀴즈도 풀었었고…….”

“아! 생각났어!”

나는 우리가 제논과 함께 나누었던 이야기를 떠올리던 중 ‘그때그때 달라요’라는 말 속에 엄청난 오류가 담겨 있다는 사실을 깨

안녕!
제논

닫게 되었지.

“주호야, 잘 생각해 봐. 우리는 그때 아무런 생각도 없이 ‘변화’라는 것을 인정했던 거야. 그때그때 다르다는 말은 세상에 변화가 존재한다는 것을 인정한다는 거잖아. 그 말 속에 어떠한 오류가 담겨 있을지 생각해 보지도 않고, 아무런 논증 과정도 거치지 않은 채 유행어를 그대로 받아들여서 따라한 것이 문제였던 거지.”

“형아 말이 맞다. 우리가 ‘그때그때 달라요’라고 놀리는 말을 입력하는 순간 컴퓨터에 오류 메시지가 떴었어.”

“바로 그거야. 너희들이 말하는 컴퓨터가 대체 어떤 물건인지는 알 수 없지만 분명

그것도 논리적인 생각을 좋아하는 사물임에 틀림없어. 그렇다면 너희들 말에서 논리적 오류가 일어난 것일 테고, 영준이 말대로 너희 컴퓨터는 기특하게도 그런 오류를 놓치지 않고 순간적으로 민감하게 반응했던 거야!"

"맞아, 형아! 우리 아빠가 컴퓨터는 사람의 명령을 논리적으로 분석해서 작동하는 기계라고 했잖아."

"그렇구나. 곰곰이 생각해 보면 세상에 변화란 존재하지 않아. 너희들도 우리가 풀어 보았던 두 개의 퀴즈 내용을 생각해 보면 그 이유를 알 수 있을 거야. 존재와 변화를 동시에 인정하면 어떠한 모순이 일어나게 되는지 알아보았잖아?"

"그럼! 기억하지."

주호는 자신이 기억하는 내용을 설명하기 시작했어.

"존재를 인정한다는 것은 존재하는 것마다 일정한 크기를 갖는다는 것이고, 변화를 인정한다는 것은 그 크기를 끝없이 쪼갤 수 있다는 말이잖아. 그러한 주장대로 날아가는 화살을 생각해 봤을 때, 화살과 과녁 사이의 거리는 끝없이 쪼갤 수 있게 되지. 그런데 그렇게 화살과 과녁 사이의 거리를 무한 분할하다 보면 결국 화살은 그 쪼개진 공간마다 정지하고 있는 셈이 되어 버려. 그렇게 되면 변화 즉, 운동을 인정하는 그 주장에 모순이 생기게 되므로……."

"존재하는 것은 변화하지 않는다는 결론이 나오게 되지!"

나도 얼른 주호의 설명을 이어서 대답했어.

"영준이와 주호 둘 다 기억하는구나? 그렇게 자신의 주장이 옳다는 것을 밝히기 위해서 그 주장과 반대되는 주장이 거짓이라는 것을 밝히는 방법! 기억하렴. 그게 바로 내가 너희들에게 특별히 가르쳐 주고 싶은 논증 방법인 귀류법이란다."

그리고 바로 그때, 우리의 눈앞에 희미하게 문 하나가 나타나기 시작했어.

"어? 영준이 형! 저건 바로……"

"우리 집 방문이잖아!"

"맞아. 형, 우리 이제 저 문으로 들어가면 다시 미래로 돌아가게 되는 건가 봐. 흑흑. 아빠, 엄마……."

주호는 그 문을 바라보며 눈물을 흘렸어.

"참 잘됐다. 너희들이 원하던 대로 집으로 돌아갈 수 있게 되어서 말이야."

제논은 이렇게 말하면서도 슬픈 표정을 지었어.

"제논! 너도 우리와 함께 저 문으로 들어가지 않을래? 너와 헤어지는 일은 너무 슬퍼. 아직 너에게 배우고 싶은 것도 많이 남았는데……."

나도 눈물이 나와 말을 잇지 못했어.

"나도 그러고 싶지만 그럴 수는 없어. 난 이곳에서 할 일이 남아 있거든."

"할 일?"

나는 눈물을 닦으며 물었어.

"응. 논리적인 생각을 할 줄 몰라서 억울한 일을 당하는 사람들을 도와야 하고, 모순된 주장을 발견하거든 그것이 옳지 않다는 것을 보여 줘야 해. 내 특유의 '거꾸로 생각하기'를 이용해서 말이야."

제논은 눈물을 참으려 애써 웃으며 말했어.

"형아. 정말 많이 보고 싶을 거야! 흑흑."

"나도 많이 보고 싶을 거야. 너희들도 이곳에서 배웠던 논리와 오류를 잊지 말고 늘 올바른 생각을 하며 살아야 해. 약속해."

"으응. 약속!"

우리는 그렇게 약속을 하고 문의 손잡이를 잡았어. 그 순간!

5 위대한 철학자 제논

"어? 이게 어떻게 된 일이지? 제논! 제논은 어디 간 거야?"

나와 주호는 주위를 두리번거렸어.

"형아! 우리가 정말 다시 집으로 돌아왔어. 여기는 우리 방이 잖아!"

"그렇다면 제논은……. 이제 다시 제논을 볼 수 없는 거야? 흑."

나는 집으로 돌아오게 된 것이 기쁘기도 했지만 다시는 내 친구 제논을 볼 수 없다는 것이 슬펐어.

"어? 형아. 이것 좀 봐봐."

주호는 컴퓨터 모니터를 가리키며 말했어.

막강파워님 야! 너네 뭐하는 거야? 게임 안 할 거야?

막강파워님 왜 말이 없어?

막강파워님 야! 야! 야! 이상하네…….

컴퓨터 저편에서는 이웃집 남매가 빨리 게임을 하자며 재촉하고 있었어.

"형! 우리가 엘레아에 가 있을 동안 이곳에서는 시간이 흐르지 않았나 봐."

"그러게 말이야. 이웃집 남매도 아직 게임에 접속되어 있는 것 같아."

"형. 우리 컴퓨터 끄자."

"응?"

나는 게임 대장 김주호가 무슨 말을 하는 건지 이해할 수 없었어.

"제논 형아랑 약속했잖아. 논리적인 생각을 하며 살기로."

"그런데?"

"이렇게 매일 컴퓨터게임만 하면 무슨 논리적인 생각을 할 수 있겠어?"

주호는 제법 진지하게 이야기를 했어.

"아! 그렇지. 그래, 잠깐만."

나는 잠시 컴퓨터 앞에 앉았어.

"형아도 참! 또 게임하려고? 컴퓨터 끄자니까."

나는 키보드를 잡았어.

게임대장님 미안! 잠시 친구를 만나고 오느라고.

막강파워님 친구? 무슨 소리야? 잠깐 사이에 친구를 만나고 왔다고? ㅎㅎ 그래, 어떤 친구를 만났는데?

게임대장님 아주 아주 대단한 친구!!!

막강파워님 얘들이 처음으로 게임에서 이기더니 이상해졌나? ㅋㅋ 빨리 스타트나 누르셩!

게임대장님 그리고 우리는 컴퓨터게임보다 더 재미있는 것을 배웠어.

막강파워님 얘들이 정말 왜 이래. 야! 안 하려면 말아라, 뭐!

게임대장님 그래! 우리는 그 친구와의 약속을 지켜야 하니까 이만 나가 볼게. 안녕!

막강파워님 야야! 니들 정말 나갈 거야?

『게임대장님이 로그아웃 하셨습니다.』

주호와 나는 컴퓨터를 끄고 동시에 아빠의 서재로 달려갔어. 그곳에서 논리 책을 본 적이 있는 것 같았거든. 제논과 함께 공부했던 내용을 까먹지 않기 위해서 주호와 나는 논리 책을 찾아보았어.

"어? 형, 이것 좀 봐봐!"

주호가 소리쳤어.

"뭔데?"

주호가 집어든 책을 보고 나도 놀라지 않을 수 없었어. 그 책 제목은 바로《위대한 철학자 제논》이었어.

그렇게 제논은 우리와 헤어진 뒤 귀류법을 개발하며 위대한 철학자가 된 것이었어. 역시 내 친구 제논!

"형! 이제 제논 형을 다시는 볼 수 없겠지?"

책 표지에 실린 제논의 사진을 바라보며 주호가 말했어.

"응, 아마도 그렇겠지. 하지만 주호야. 우리 기억 속에서 제논을 지우지 않고 제논과 함께 공부했던 논리를 잊지 않는다면 우리는 제논과 항상 함께 있는 것이나 다름없어."

책 표지에 있는 제논의 얼굴에 눈물이 한 방울 떨어졌어.

"울지 마. 주호야. 책 줘 봐. 이 책을 통해서도 제논을 만날 수 있을 거야."

"올리브 나무 밑에서 제논 형아랑 셋이서 얘기했던 것처럼?"

주호가 눈물을 닦으며 물었어.

"그래. 다시 고대 그리스로 떠날 수도, 제논을 만날 수도 없지만 제논은 늘 우리 마음속에 있을 테니까 말이야……."

오류에 대한 설명

1. 오류의 뜻

논리에서 오류(fallacy)란 추론이 타당성을 잃었을 때 빚어지는 것으로서, 한마디로 잘못된 사고를 일컫습니다. 보통 오류는 자신도 모르게 빚어지는 '착오(mistake)'와 고의로 남을 기만하는 '궤변(sophistry)'을 통틀어서 말합니다. 논리적 오류는 궁극적으로 올바른 논증을 방해하는 요인입니다.

본문에서 밝혔다시피, 일반적으로 훌륭한 논증이 지켜야 할 기준으로 세 가지를 꼽습니다. 첫째, 전제가 참이거나 승인할 수 있는(**a**cceptable) 것이어야 합니다. 둘째, 전제가 결론의 옳음에 관련 있는(**r**elevant) 것이어야 합니다. 셋째, 전제는 결론이 옳음을 보장할 수 있는 충분한 근거(**g**rounds)를 제공해야 합니다. 이 머리글자를 모으면 논증(**arg**ument)이라는 단어가 됩니다. 그런데 훌륭한 논증의 세 가지 기준은 논증에서 추리의 전제가 갖추어야 할 조건들입니다. 이 조건들을 만족시키지 못하면 오류를 범하는 것입니다. 그 각각을 나누어서 정리하면 다음과 같습니다.

〈전제의 3가지 조건〉

1. 전제들은 모두 정합적으로 참이어야 한다.
   이 조건을 위배하면 발생하는 오류가 '부정합성' 입니다.
2. 그 전제들에 의한 결론이 참인지 모르면서도 전제가 참임을 알 수 있어야 한다.
   이 조건을 위배하면 발생하는 오류가 '선결문제 요구' 입니다.
3. 원하는 정도만큼 결론이 참임을 전제가 보증해야 합니다.
   이 조건을 위배하면 발생하는 오류가 '결론도출 불가능' 입니다.

2. 오류의 종류

논증이 올바르지 않게 될 수 있는 방식은 무한히 많습니다. 따라서 오류의 종류도 무한히 많습니다. 본문에서 간단하게 제시된 할머니의 '딜레마' 라는 것만 해도 가언명제와 선언명제가 혼합된 양도삼단논법으로서, 특히 부정적 결론을 목표로 하는 파괴적 양도삼단논법이라 할 수 있습니다. 양도삼단논법은 두 가지 형태의 혼합 명제가 다시 복합된 것이므로 그 추리의 성질이 복잡하고 교묘하여 오류를 범하기는 쉽지만 그것을 찾아내어 논박하기는 어렵습니다. 그래서

고대 그리스에서는 이 양도논법을 사용한 궤변으로 논쟁의 상대방을 궁지에 빠뜨렸던 예를 많이 찾아볼 수 있습니다.

한 가지 예만 해도 너무 복잡한가요? 강조하고 싶은 것도 바로 이 점입니다. 모든 오류를 일일이 열거하는 일은 불가능하다는 것! 그러므로 오류를 분류하는 전체 보기를 통해 오류의 얼개를 조금씩 익혀 둘 필요가 있습니다.

보고 싶은 제논에게.

안녕, 제논? 나 기억하지? 나 김영준이야. 너와 그리스에서 지냈던 시간이 엊그제 같은데 나는 벌써 중학생이 되었어. 주호는 어떻게 지내냐고? 주호도 여전해. 달라진 게 있다면, 예전에는 컴퓨터게임을 그렇게 좋아했던 아이가 이제는 논리 공부에 푹 빠져 지낸다는 점이야. 참 희한하지? 우리는 '논리' 에 '논' 자도 몰랐던 아이들인데 말이야.

처음 너를 만났을 때, 우리는 그저 네가 우리를 도와줄 수 있을 것이라는 생각에 너를 쫓아다녔어. 너와 함께 그리스 곳곳을 여행하며 그렇게 소중한 추억을 남기게 될 줄은 상상도 못했지. 너와의 그리스 여행을 통해 배웠던 조리 있게 생각하는 힘, 즉 논리는 평생 주호와 나에게 아주 좋은 해답지가 되어줄 것 같아. 어떤 문제든 척척 풀어주는 해답지 말이야.

주호와 나는 제논 너와 헤어진 후에도 너를 통해 논리를 배울 수 있었어. 무슨 소리냐고? 논리에 대한 너의 책을 발견했거든. 그 책을 통해서 귀류법에 대해서도 알게 되었어. 너의 주특기인 '거꾸로 생각하기'가 바로 귀류법이라는 것을 말이야. 비록 예전처럼 올리브 나무 그늘 밑에서 셋이 도란도란 이야기를 나눌 수는 없지만 이렇게 나와 주호는 여전히 너를 통해 논리를 배우고 있단다.

그리고 또 놀라운 사실을 발견했어. 그리스의 유명한 철학자들이 바로 제논 너의 영향을 받아 철학 사상을 펼쳤다는 사실이야. 소크라테스, 플라톤, 아리스토텔레스……. 덕분에 너와 함께 했던 시간들이 더욱 자랑스럽고 뿌듯하게 느껴졌어.

제논! 예전처럼 너와 함께 그리스 거리를 거닐며 이야기를 나눌 수도 없고, 궁금한 점이 생겼을 때 너에게 직접 물어볼 수도 없지만, 너에게 배웠던 논리를 잊지 않을게. 늘 나의 생각과 말에 오류가 있지는 않은지 검토할 거야. 앞뒤가 맞는 조리 있는 말을 하는 학생이 될 것을 약속해. 많이 보고 싶어, 제논.

안녕. 우리의 친구.

통합형 논술 활용노트

01 컴퓨터의 오류로 고대 그리스 시대로 오게 된 주호, 영준 형제는 두 여자가 한 남자를 두고 서로 자신의 남편이라고 싸우는 모습을 보게 됩니다. 어린 제논은 이 문제를 '거꾸로 생각하기' 방법으로 풀었습니다. 여러분은 무슨 일이 생겼을 때 이런 방법으로 문제를 풀어본 적이 있나요? 있다면 적어 보세요.

02 제논과 아이들이 길에서 만난 크세 아저씨와 파르 아저씨는 세상이 어떻게 만들어졌는지, 자연계는 어떻게 이루어졌는지에 대해 논쟁을 하고 있었습니다. 여러분은 세상이 무엇으로 이루어졌다고 생각하나요? 여러분의 생각을 자유롭게 적어 보세요.

03 날아가는 화살이 움직이지 않는다는 제논의 말은 무슨 뜻일까요? 책을 잘 읽어 본 후 적어 보세요.

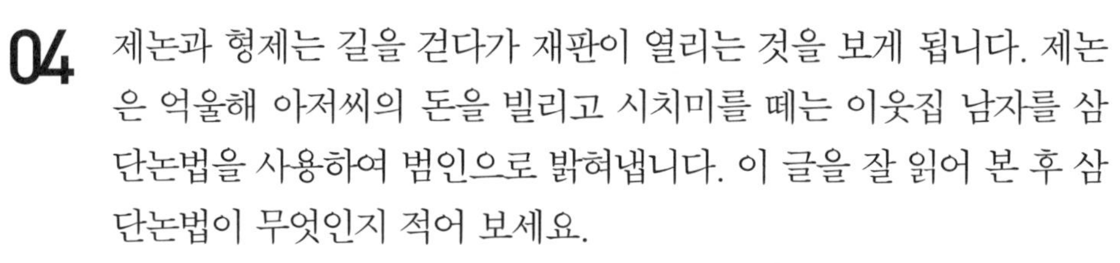

04 제논과 형제는 길을 걷다가 재판이 열리는 것을 보게 됩니다. 제논은 억울해 아저씨의 돈을 빌리고 시치미를 떼는 이웃집 남자를 삼단논법을 사용하여 범인으로 밝혀냅니다. 이 글을 잘 읽어 본 후 삼단논법이 무엇인지 적어 보세요.

05 제논이 이야기하는 딜레마의 오류란 무엇인가요? 걱정쟁이 할머니의 경우를 잘 생각해 본 후 적어 보세요.

06 '모순'이 무슨 뜻인지 찾아보고, 주변에서 모순되는 일을 겪어 본 적이 있다면 적어 보세요.

07 결국 주호와 영준이의 컴퓨터가 고장이 난 이유는 논리적인 오류 때문이었습니다. 여러분도 제논의 말처럼 세상에는 변화가 존재하지 않는다고 생각하나요? 만약 그렇다면 그 이유를 적어 보세요. 그렇지 않다면 왜 그렇게 생각하는지 여러분의 의견을 적어 보세요.

통합형 논술 문제풀이

01 학교 수업이 끝난 뒤, 선생님께서 고아원으로 봉사 활동을 갈 예정인데 가고 싶은 사람은 함께 가도 좋다고 하신 적이 있었습니다. 그런데 저는 학원을 가야 할 시간이었기 때문에 어찌해야 할지 망설였습니다. 하지만 결국 선생님을 따라 봉사 활동을 갔습니다. 그곳에서 아이들과 놀면서 즐거운 시간을 보냈습니다. 앞으로 또 오겠다는 약속을 하고 돌아왔습니다.

하지만 저는 학원을 빠졌다는 이유로 부모님과 학원 선생님께 꾸중을 들었습니다. 그렇지만 학원에서 하는 공부는 나중에라도 보충할 수 있는 것이지만 봉사 활동은 언제든지 할 수 있는 쉬운 경험이 아니었습니다. 학원 수업을 듣는 것보다 훨씬 더 좋은 경험을 하고 돌아왔다고 생각되며, 이 경험은 좋은 일로 기억될 것입니다. 앞으로 기회가 된다면 또 가고 싶습니다.

02 세상은 흙으로 이루어져 있다고 생각합니다.

우선 우리가 밟고 있는 땅이 흙으로 이루어져 있으며, 성경을 보면 하느님이 사람을 흙으로 빚었다고 나옵니다. 그리고 사람들은 죽으면 땅에 묻힙니다. 그래서 어떤 사람들은 '사람은 땅에서 나서 땅으로 돌아간다'고 말하기도 합니다.

사람의 몸과 땅은 둘이 아니라 하나라는 '신토불이'라는 말은 흙이 세상을 이루는 근본임을 말해 주는 고사성어라고 생각합니다.

03 세상에는 사물이 존재하고, 존재하는 사물은 변화한다고 합니다. 그리고 그 존재하는 사물은 아주 작은 크기라도 가지고 있습니다.

크기를 가지고 있는 사물은 조각을 나눌 수 있습니다. 이 조각을 한없이 쪼개다 보면 어느 순간 크기가 없는 사물이 나오게 됩니다. 크기를 가진, 존재하는 사물에 변화를 주었더니 크기가 사라지고 존재하지 않게 되어 버린 것입니다.

이것은 존재하는 사물에 변화를 주게 되면 크기가 없는 사물이 나오게 되는 것이며, 다시 말해 존재와 변화는 동시에 일어날

수 없다는 결론이 나오게 됩니다. 그러므로 날아가는 화살은 움직이지 않는다는 말이 나오는 것입니다.

쉽게 설명하면 공간을 나누고 또 나누고, 그 나뉜 공간을 화살이 지나간다고 하면 그 순간만큼은 화살이 그 공간 안에서 멈춰져 있는 것입니다.

04 논법은 논리적으로 생각하고 말하는 방법입니다. 논리적이라는 것은 다른 사람들이 인정할 만한 이유를 가지고 앞뒤가 맞게 생각하거나 이야기하는 것입니다. 그리고 논증은 논리적 과정을 통해 자신의 주장이 옳다는 것을 증명해 내는 것을 말합니다.

이때 직접논증과 간접논증이 있는데 선언삼단논법은 간접논증에 속합니다. 직접논증은 참인 근거를 통해 그 주장이 참이라는 것을 밝히는 것이며 간접논증인 선언삼단논법은 우선 모든 가능한 경우를 선언하여 그중 참인 것을 찾아내는 것입니다. 즉, '이것', '저것', '그것'이라는 세 가지가 가능한 상황에서 '이것', '저것'이 모두 아니라는 것을 밝혀 '그것'이 참이라는 것을 알아내는 것입니다.

05 걱정쟁이 할머니는 해가 뜨나 비가 오나 두 아들 걱정뿐입니다. 할머니가 그럴 수밖에 없었던 것은 바람직하지 않은 선택만이 가능한 것처럼 보이게 하는 잘못된 생각 때문이었습니다. 그것을 바로 딜레마의 오류라고 합니다. 딜레마의 오류를 범하게 되면, 어떠한 문제가 있을 때 그 해결책으로 여러 가지 방법이 있음에도 불구하고 마치 자신이 생각하는 것 외에는 아무런 해결 방법이 없는 것처럼 생각하게 됩니다.

즉 할머니가 두 아들 중 한 명이 잘되는 경우를 생각할 수 있는데도 반대로 안 되는 경우만 생각하여 매일 걱정 속에서 살았던 것입니다.

여러분도 살면서 어떤 문제에 부딪힐 때 나쁜 쪽으로만 생각하지 말고 좋은 쪽으로 생각하는 긍정적인 사고방식을 갖도록 해 보세요. 훨씬 행복한 하루하루를 보낼 수 있을 겁니다.

06 모순은 말이나 행동의 앞뒤가 맞지 않는 것을 뜻합니다. 논리학에서는 두 개의 개념이나 명제 사이의 의미 내용이 서로 상반된 관계를 이르는 말입니다.

이 말은 원래 중국 초나라의 상인이 창과 방패를 팔면서 창은 어떤 방패도 뚫을 수 있다고 하고 방패는 어떤 창도 막을 수 있다고 한 말에서 유래하였습니다. 이와 같은 개념은 얼핏 어렵게 느껴지기도 하지만 사실 주변에서 흔히 만날 수 있는 개념입니다. 예를 들어 부정부패를 막아야 하는 경찰이나 검찰이 부정을 저지르고 뉴스에 나오는 모습을 여러분도 보신 적이 있을 겁니다. 이렇게 우리 주변에는 모순적인 일들이 많이 벌어집니다. 그러므로 항상 말과 행동이 일치하는 사람이 되도록 노력해야겠습니다.

07 제논은 '날아가는 화살'과 '아킬레우스와 거북이의 경주'라는 퀴즈를 통해 존재와 변화를 동시에 인정하면 어떠한 모순이 일어나는지를 알려 주었습니다. 존재를 인정한다는 것은 존재하는 것마다 일정한 크기를 갖는다는 것이고, 변화를 인정한다는 것은 그 크기를 끝없이 쪼갤 수 있다는 뜻입니다. 그러한 주장대로 날아가는 화살을 생각해 볼 때, 화살과 과녁 사이의 거리는 끝없이 쪼갤 수 있게 됩니다. 그런데 그렇게 화살과 과녁 사이의 거리를 무한 분할하다 보면 결국 화살은 그 쪼개진 공간마다 정지하고 있는 셈이 되어 버려서 변화 즉, 운동을 인정하는 그 주장에 모순이 생기게 됩니다. 그러므로 존재하는 것은 변화하지 않는다는 결론이 나오게 되는 것입니다.

많은 철학자들이 '세상에는 변화가 존재하느냐, 존재하지 않느냐'의 문제를 가지고 오랜 세월 동안 설전을 벌였습니다. 눈에 보이는 변화가 진정한 변화인지, 그 변화의 이면에 불변하는 무언가가 있는 것은 아닌지 여러분도 곰곰이 생각해 보세요.

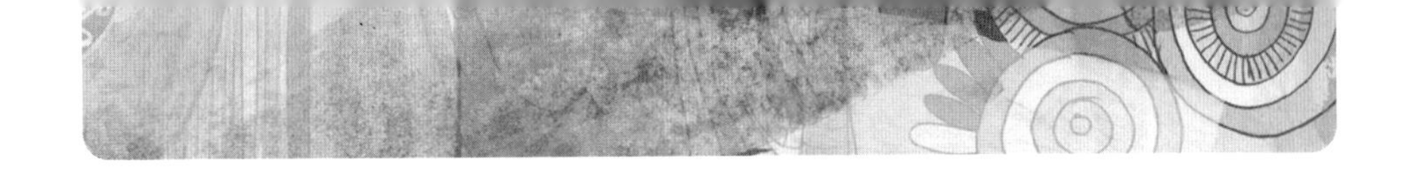